Brigitte Schaefer
Frauke van der Werff

Fit fürs Goethe-Zertifikat A2

Fit in Deutsch
Deutschprüfung für Jugendliche

Hueber Verlag

5. 4. 3.   Die letzten Ziffern
2021 20 19 18 17   bezeichnen Zahl und Jahr des Druckes.
Alle Drucke dieser Auflage können, da unverändert,
nebeneinander benutzt werden.
1. Auflage
© 2016 Hueber Verlag GmbH & Co. KG, München, Deutschland
Zeichnungen: Mascha Greune, München
Layout und Satz: Sieveking · Agentur für Kommunikation, München
Druck und Bindung: Firmengruppe APPL, aprinta druck GmbH, Wemding
Printed in Germany
ISBN 978–3–19–011873–1

Art. 530_20767_001_03

Inhaltsverzeichnis

Allgemeine Hinweise

Mit *Fit fürs Goethe-Zertifikat A2 / Fit in Deutsch* **kannst du**

- dich gezielt auf die Prüfung vorbereiten
- feststellen, was genau in der Prüfung verlangt wird
- dich selbst testen und deinen Leistungsstand einschätzen

Die vier Prüfungsteile im Überblick

Die Prüfung enthält vier Teile: **Lesen, Hören, Schreiben, Sprechen.**

Für alle vier Teile zusammen kannst du maximal 100 Punkte erreichen.
Du hast die Prüfung bestanden, wenn du 60% der Punkte erreicht hast.

Prüfungsteil	Teil		Punkte	Zeit
Lesen	1	Zeitungstext	25	30 Minuten
	2	Informationstafel, Veranstaltungsprogramm		
	3	Brief, E-Mail		
	4	Anzeigen		
Hören	1	Ansagetexte	25	30 Minuten
	2	Gespräch		
	3	kurze Gespräche		
	4	Interview im Radio		
Schreiben	1	persönliche Mitteilung	25	30 Minuten
	2	formelle Mitteilung		
Sprechen	1	Informationen zur Person (Interaktion)	25	15 Minuten für zwei Teilnehmende
	2	Informationen zum eigenen Leben (Produktion)		
	3	gemeinsam etwas planen (Interaktion)		

Die vier Prüfungsteile: Kurzbeschreibung

Lesen

Du liest 9 verschiedene Texte und löst dazu 20 Aufgaben. Bei jeder Aufgabe musst du etwas ankreuzen, es gibt immer nur eine richtige Lösung. Die Texte sind unterschiedlich lang.

Für jede richtige Lösung bekommst du einen Punkt. Du kannst im Prüfungsteil **Lesen** maximal 20 Punkte erreichen. Am Ende werden die Punkte mit 1,25 multipliziert (= 25 Punkte).

Hören

Du hörst 12 verschiedene Texte und löst dazu 20 Aufgaben. Bei jeder Aufgabe musst du etwas ankreuzen, es gibt immer nur eine richtige Lösung. Die Texte sind unterschiedlich lang.

Für jede richtige Lösung bekommst du einen Punkt. Du kannst im Prüfungsteil **Hören** maximal 20 Punkte erreichen. Am Ende werden die Punkte mit 1,25 multipliziert (= 25 Punkte).

Schreiben

Du schreibst zwei kurze Texte:
Teil 1: Du schreibst eine SMS an eine Freundin / einen Freund.
Teil 2: Du schreibst eine halbformelle E-Mail.

Die Prüfenden bewerten deine Leistung:
* Wie gut und vollständig erfüllst du die Aufgaben?
* Hast du etwas zu allen Inhaltspunkten geschrieben?
* Wie groß ist dein Wortschatz?
* Wie gut kannst du die grammatischen Strukturen?

Du kannst im Prüfungsteil **Schreiben** maximal 20 Punkte erreichen. Die Punkte werden am Ende mit 1,25 multipliziert (= 25 Punkte).

Sprechen

Es gibt keine Vorbereitungszeit.
Teil 1: Mithilfe von Wortkarten stellst du deiner Partnerin / deinem Partner Fragen zur Person und antwortest auf Fragen.
Teil 2: Du bekommst ein Arbeitsblatt zu einem Thema, z. B. Wochenende. Du erzählst von deinem Leben. Die/Der Prüfende stellt dazu Fragen.
Teil 3: Du planst mit deiner Partnerin / deinem Partner eine gemeinsame Aktivität.

Die Prüfenden bewerten deine Leistung:
* Wie gut und vollständig erfüllst du die Aufgaben?
* Kannst du auf Fragen und Vorschläge reagieren?
* Kannst du etwas erzählen?
* Wie flüssig kannst du sprechen?
* Wie groß ist dein Wortschatz?
* Wie gut ist deine Aussprache?
* Wie gut kannst du die grammatischen Strukturen?

Du kannst im Prüfungsteil **Sprechen** maximal 25 Punkte erreichen.

Ergebnisse

Du hast die Prüfung bestanden, wenn du 60 Punkte (60 Prozent) erreicht hast.
Das Zeugnis weist die Punkte für jeden Prüfungsteil aus.

Modul Lesen

I Informationen zum Prüfungsteil Lesen

Der Prüfungsteil **Lesen** hat vier Teile und dauert 30 Minuten.
Du liest neun verschiedene Texte und löst dazu 20 Aufgaben.
Es gibt kürzere und längere Texte.

Teil	Texte	Aufgaben	Zeit	Ziel
1	Du liest einen längeren Zeitungstext, z. B. über eine interessante Person.	Du löst fünf Aufgaben zum Text. Wähle: **a**, **b** oder **c**.	ca. 7 Min.	Du zeigst, dass du in einem Zeitungstext bestimmte Informationen verstehst.
2	Du liest einen Informationstext, z. B. ein Programm zu einem Fest.	Du liest fünf Situationen und ordnest zu: Wo finde ich das? Wähle: **a**, **b** oder **c**.	ca. 7 Min.	Du zeigst, dass du in einer längeren Liste die wichtigen Informationen findest.
3	Du liest eine private E-Mail.	Du löst fünf Aufgaben zur E-Mail. Wähle: **a**, **b** oder **c**.	ca. 7 Min.	Du zeigst, dass du in einer längeren Mitteilung die wichtigen Informationen verstehst.
4	Du liest sechs Anzeigen, z. B. auf der Internetseite einer Schule.	Du liest fünf Situationen und ordnest zu: Welche Anzeige passt zu dieser Person? Für eine Situation gibt es keine Lösung. Schreibe **a–f** oder **x**.	ca. 9 Min.	Du zeigst, dass du in kurzen Anzeigen die entscheidende Information verstehen kannst.

Modul Lesen

II Lesen Teil 1

A Übungen zum Wortschatz „Schule/Lernen"

Die Wortliste findest du auf S. 40.

1 Kreuze an: *Richtig* oder *Falsch?*

Sprachenschule „European Progress"

• Alle europäischen Sprachen

• Kleine Gruppen oder Einzelunterricht

• Die Unterrichtszeiten könnt ihr frei wählen

• Der Unterricht kann zu Hause stattfinden

Beratung und Sprachtest:
Mo., Di. und Mi. von 10:00 bis 12:00 Uhr

www.europrogress/expert.de

	Richtig	Falsch
a Das ist ein Gymnasium.	Richtig	Fal**X**ch
b In dieser Schule kann man auch Spanisch lernen.	Richtig	Falsch
c Die Klassen sind ziemlich groß.	Richtig	Falsch
d Der Lehrer kann auch zu den Schülern kommen.	Richtig	Falsch
e Am Mittwochnachmittag ist das Büro geöffnet.	Richtig	Falsch
f Auskünfte bekommt man per Telefon.	Richtig	Falsch

2 Schreibe das Gegenteil. Wie heißen die Wörter in deiner Sprache? Schreibe.

	Gegenteil	eigene Sprache	
a gut	*schlecht*		
b alt			
c klug			
d spannend			
e faul			
f schwer			
g kompliziert			
h lang			
i richtig			
j leise			
k hell			
l geöffnet			
m langsam			
n billig			

3 Welche Antwort passt? Ordne zu.

a Wann findet die Prüfung statt? [5]

b Kannst du mir einen Kugelschreiber leihen? ☐

c Wie ist dein Zeugnis? ☐

d Das ist eine schwere Aufgabe. Weißt du die Lösung? ☐

e Im Prospekt steht, dass auch am Nachmittag Unterricht ist. ☐

f Ich möchte einen Probetest machen. ☐

1 Ich habe ziemlich gute Noten.

2 Das ist leicht, ich gebe dir einen Tipp.

3 Tut mir leid, ich habe keinen. Willst du einen Bleistift?

4 Sehr gut. Kannst du am Montag um zehn Uhr kommen?

5 Wenn der Kurs zu Ende ist.

6 Das stimmt. Welchen Kurs möchtest du besuchen?

4 Welches Wort passt? Ergänze.

schön • Deutsche • keine Musik • freue • Woche • Ausflüge • dunkel • Universität • Deutschland • gebadet • Unterricht • langweilig • Hallo • gelernt • scheint • Brötchen • Fahrrad • kennengelernt • Englisch • Jahr

(0) _Hallo_ Tanja,

jetzt bin ich schon eine (1) _____ in Oxford. Also, sehr viel Englisch habe ich bisher noch nicht

(2) _____. Es sind ziemlich viele (3) _____ hier. In meiner Gruppe kommen vier

Leute aus Spanien und Italien, drei kommen aus (4) _____.

Es gefällt mir hier: Die Stadt ist sehr (5) _____, die Sonne (6) _____ und der

(7) _____ macht mir Spaß. Nur mein Zimmer ist leider nicht so gut: Es ist sehr klein und

(8) _____. Ich darf nicht kochen und (9) _____ hören. In der Sprachenschule gibt

es ein Café, aber da bekommt man nur (10) _____ mit Schinken oder Käse. Meistens gehen wir

mittags in die Mensa von der (11) _____ und essen zusammen mit den Studenten.

Am Wochenende machen wir mit der Gruppe immer (12) _____. Am Samstag sind wir mit dem

(13) _____ an einen See gefahren und haben (14) _____. Abends gab es eine

Party in der Sprachenschule. Da sind natürlich alle Schüler gekommen und ich habe zwei nette Mädchen

(15) _____. Sie waren im letzten (16) _____ auch schon hier und sprechen sehr

gut (17) _____. Morgen Abend will ich mit ihnen ins Kino gehen, darauf (18) _____

ich mich sehr.

Und wie sieht es bei dir aus? Findest du die Ferien schon ein bisschen (19) _____?

In zwei Wochen bin ich wieder zu Hause!

Küsschen von Kitty

5 Rätsel. Finde noch 10 Wörter zum Thema Schule.

a Markiere die Wörter.

T	A	X	T	H	L	M	A	C	D	U	S	O	W	O	R	S
A	Z	L	E	M	U	K	S	F	F	G	H	I	O	P	X	C
R	A	L	S	M	N	U	Z	R	E	K	B	V	L	S	R	T
L	U	N	T	E	R	R	I	C	H	T	R	A	B	K	N	T
S	O	B	P	I	H	S	G	B	L	O	U	S	C	H	K	P
O	R	U	L	N	S	T	K	L	E	I	S	T	U	N	G	A
M	D	F	G	U	L	L	E	H	R	E	R	I	N	M	A	U
L	Ö	S	U	N	G	U	P	N	O	W	A	L	P	H	U	S
Ü	B	U	N	G	Y	H	A	U	S	A	U	F	G	A	B	E

b Schreibe die Wörter mit Artikel.

die Meinung, ...

_____

_____

_____

_____

_____

6 Was passt? Ordne zu.

Beispiel:

0 Du musst die richtige Antwort [c].
   a antworten
   b benutzen
   c ankreuzen

1 Kannst du die Frage bitte ☐?
   a wiederholen
   b verstehen
   c buchstabieren

2 Übertrage deine Lösungen bitte auf ☐.
   a den Stundenplan
   b die Übung
   c den Antwortbogen

3 Ich muss den Test noch einmal schreiben.
   Ich habe zu viele ☐ gemacht.
   a Lösungen
   b Antworten
   c Fehler

4 Du hast eine Zwei in Mathematik:
   Das ist eine tolle ☐.
   a Hausaufgabe
   b Note
   c Hilfe

5 Wie heißt das auf Englisch? Das findest du im ☐.
   a Schreibblock
   b Prospekt
   c Wörterbuch

7 Fünf Sätze passen nicht.

a Unterstreiche noch vier falsche Sätze.

Hi Marc,

dein Vorschlag, dass wir am Samstag zusammen lernen wollen, gefällt mir sehr gut. <u>Wir können uns ja mit den Fahrrädern am S-Bahnhof treffen.</u> Wann soll ich zu dir kommen, passt es dir um zehn? Du musst mir unbedingt bei den Mathe-Aufgaben helfen, da verstehe ich wirklich gar nichts! Für den Englischunterricht

5 habe ich jetzt ein tolles Computerprogramm, das bringe ich mit. Wenn wir früh genug losfahren, können wir mittags am Müggelsee Pause machen. Ich kenne da eine sehr schöne Stelle zum Baden. Vielleicht brauchen wir auch das neue Biologieprogramm, das kann ich in der Stadtbibliothek ausleihen. Und nach dem Schwimmen machen wir ein Picknick am Strand. Mittags können wir vielleicht eine Pizza in den Backofen schieben, was meinst du? Oder wir gehen zum Kiosk am Markt und holen uns etwas zu essen.

10 Wenn das Wetter nicht so gut ist, fahren wir nach Köpenick und gehen in das Museum beim Schloss. Am Nachmittag will ich dir unbedingt noch meinen Aufsatz zeigen. Wie viel Zeit haben wir zum Lernen?

Bitte ruf mich auf dem Handy an!
Britta

b Schreibe die falschen Sätze.

Wir können uns ja mit den Fahrrädern am S-Bahnhof treffen.

_____

_____

_____

8 Wie heißen diese Verben in deiner Sprache? Schreibe.

rechnen	_____
lösen	_____
formulieren	_____
notieren	_____
aufpassen	_____
recht haben	_____
erklären	_____
erzählen	_____
bedeuten	_____
wiederholen	_____
bloggen	_____
übersetzen	_____
verstehen	_____
zeigen	_____

B Übungen zu Lesen Teil 1

1 Informationen finden

Lies zuerst den Text, dann die Aufgaben zum Text. Suche die Lösungen im Text.

⊖ ○ ○

Hi Gabi,

weißt du schon, was du in den Sommerferien machen willst? Ich habe eine tolle Idee: Wir machen zusammen einen Sprachkurs in Spanien. Es gibt Sprachreisen für Jugendliche, die kosten auch gar nicht so viel. Im nächsten Jahr bekommen wir in der Schule in Spanisch supergute Noten und unsere Eltern sind zufrieden.

5 In Sevilla gibt es Kurse für Anfänger, vier Wochen, kleine Gruppen. Wir können bei spanischen Familien wohnen oder in der Jugendherberge. Das ist doch wunderbar, oder? Natürlich ist es im Süden von Spanien sehr heiß. Vielleicht machen wir den Kurs lieber in Madrid oder in Pamplona, da ist das Klima besser.

Wir können ja am Samstag darüber reden. Du kommst doch mit an den See? Wir treffen uns mit den Fahrrädern um 10:00 Uhr am S-Bahnhof.

10 Ruf mich auf dem Handy an!
Birgit

a Wo findest du diese Informationen? Notiere die Zeilen.

Beispiel:

0 Wer schreibt die E-Mail?   Zeile/n: __11__

1 Sind die Sprachkurse im Ausland sehr teuer?   Zeile/n: _____

2 Wo sollen die Jugendlichen essen und schlafen?   Zeile/n: _____

3 Gibt es die Kurse nur in einer Stadt?   Zeile/n: _____

4 Was wollen Gabi und Birgit an diesem Wochenende machen? Zeile/n: _____

b Entscheide: Ist die Aussage *Richtig* oder *Falsch?* Kreuze an.

Beispiel:

0 Die E-Mail ist für Gabi.   [Ri☒tig]   [Falsch]

1 Birgit und Gabi lernen auch zu Hause Spanisch.   [Richtig]   [Falsch]

2 Birgit schlägt einen Kurs für Leute mit guten Spanischkenntnissen vor. [Richtig]   [Falsch]

3 Die Sprachkurse dauern einen Monat.   [Richtig]   [Falsch]

4 Die Jugendlichen können in der Sprachenschule wohnen.   [Richtig]   [Falsch]

5 Gabi soll Birgit am Wochenende besuchen.   [Richtig]   [Falsch]

2 Wie kann man es auch sagen?

Er hat seine Meinung gesagt • Das stimmt • Das möchte er gern • Er weiß, was er tun will •
Das ist falsch • Er ist fleißig • Er ist nicht einverstanden • ~~Das macht ihm keinen Spaß~~

a   Er findet das langweilig.   *Das macht ihm keinen Spaß* .

b   Hier ist ein Fehler.   _____ .

c   Er hat eine andere Meinung.   _____ .

d   Er hat einen Plan.   _____ .

e   Das ist richtig.   _____ .

f   Er hat gesagt, was er denkt.   _____ .

g   Er arbeitet sehr viel.   _____ .

h   Das wünscht er sich.   _____ .

3   Informationen im Text suchen

Lies zuerst den Text, dann die Aufgaben zum Text.

Zwölfjährige gewinnt Lese-Wettbewerb

Susanne Meyer sieht sehr zufrieden aus: Sie hat gerade den Lese-Wettbewerb der Stadtbibliothek in Siegen gewonnen. Das bedeutet, dass sie im April nach Düsseldorf

5 fahren darf. Dort soll sie am Wettbewerb für ihr Land, Nordrhein-Westfalen, teilnehmen. Vielleicht ist sie im Sommer auch in Berlin dabei, beim Deutschland-Wettbewerb.

Angefangen hat das vor drei Jahren, da hat Susanne zum

10 ersten Mal eine Geschichte für ihre kleine Schwester vorgelesen. Susanne war neun Jahre alt und ihre sechsjährige Schwester Lila war krank.

Also hat Susanne eins von ihren Lieblingsbüchern geholt, es war das Buch „Die Herdmanns kommen". Da geht es um

15 sechs furchtbar freche Geschwister. Die Kinder haben ganz schlechte Noten in der Schule, aber sie machen sehr aufregende Sachen. Nach ein paar Minuten hat Lila zum ersten Mal gelacht und danach wollte sie immer mehr Geschichten hören.   20

Susanne hat noch „Karo Karotte" vorgelesen und „Charlottes Traumpferd". Dann war Lila wieder gesund, aber abends im Bett hat Susanne immer weiter vorgelesen. Es hat beiden Schwestern Spaß gemacht.   25

Im letzten Sommer kam der Lese-Wettbewerb in Susannes Schule, jetzt hat sie in der Stadtbibliothek gewonnen. Susanne lacht: „Das ist toll, Lesen macht Spaß!"

a   Welche Antwort passt? Wähle a, b oder c.

Suche die Lösungen im Text.

Beispiel:

0 Wie alt ist Susanne?

a ☐ 9 Jahre.

b ☒ 12 Jahre.

c ☐ 6 Jahre.

1 Wo wohnt Susanne?

a ☐ In Berlin.

b ☐ In Nordrhein-Westfalen.

c ☐ In Düsseldorf.

2 Was hat Susanne ihrer Schwester zuerst vorgelesen?

a ☐ Ein Buch über eine berühmte Familie.

b ☐ Eine Geschichte mit sehr klugen Kindern.

c ☐ Ein Buch über Kinder mit spannenden Ideen.

3 Warum hat Susanne auch später noch vorgelesen?

a ☐ Weil Lila so oft krank war.

b ☐ Weil Lila dann gelacht hat.

c ☐ Weil es den Schwestern gefallen hat.

b   Wie heißt das im Text?

Beispiel:

0 sie wohnt in Nordrhein-Westfalen   *ihr Land Nordrhein-Westfalen*

a Kinder mit spannenden Ideen   _____

b es hat den Schwestern gefallen   _____

Modul Lesen

4 Was steht im Text?

Lies zuerst den Text, dann die Aufgaben zum Text.

> Michael Salger ist Fußballfan. Er geht zweimal pro Woche zum Training in den Sport-
> verein. Das Training macht ihm Spaß, aber viel wichtiger ist für ihn, dass er zu den
> Spielen der großen Vereine ins Stadion gehen kann. Sein Lieblingsverein ist „Schalke 04".
> Er möchte zusehen, wie seine Fußballstars spielen. „Sie sind nicht der beste Verein in Deutschland",
> sagt Michael, „aber das ist mir egal."
>
> Sein großer Traum ist sein Berufswunsch: Michael möchte Sportjournalist werden. Dann kann er Interviews
> mit den Fußballstars machen und auch zu den Spielen ins Ausland fahren.

a Welche Antwort ist richtig? Kreuze an.

Was wünscht sich Michael am meisten?

a ☐ Er möchte ein berühmter Fußballspieler sein.

b ☐ Er möchte in der Zeitung über Fußball schreiben.

c ☐ Er möchte, dass „Schalke 04" immer gewinnt.

b Warum ist die Antwort _____ richtig? Wie heißt das im Text?

_____

c Warum sind die beiden anderen Antworten falsch?

Antwort ____: _____

Antwort ____: _____

C Training zu Lesen Teil 1

1 Was steht im Text? Kreuze an.
Du liest in einer Zeitung diesen Text.

Lies dann die Aufgaben 1 bis 5 und suche die Lösungen im Text.

> **Immer mehr Jugendliche machen Sprachferien im Ausland.**
> Im Prospekt der Sprachenschule in Arcachon (Frankreich) heißt es: Französisch lernen und
> Spaß haben! Es geht um Sprachreisen für Jugendliche von 12 bis 16 Jahren. Das Programm
> der Schule verspricht viel: „Du lernst Französisch ohne Stress. Du findest neue Freunde und
> 5 lernst eine andere Kultur kennen."
> Sprachkenntnisse braucht man später für Studium und Beruf. Und am besten lernt man eine fremde Sprache
> im fremden Land. Die Jugendkurse bieten Spaß, Spiel und interessante Begegnungen. Der Sprachunterricht
> findet am Vormittag statt, es gibt keine Hausaufgaben. Die Schule organisiert am Nachmittag Ausflüge und
> Fußballspiele mit französischen Jugendlichen.
> 10 Arcachon ist ein beliebter Badeort, im Sommer gibt es Schwimmwettbewerbe und Strandpartys. Wenn
> es dafür zu kalt ist, öffnet die Sprachenschule abends die Disco. Aber man kann auch immer in den Kinosaal
> gehen. Die Anmeldung bei der Sprachenschule in Arcachon ist einfach: Das Formular kann man per Telefon
> anfordern oder im Internet ausdrucken unter www.spr-arca/expert.com . Natürlich müssen auch die Eltern
> das Formular ausfüllen und unterschreiben, denn der Sprachkurs ist nicht ganz billig. Aber die Teilnehmer
> 15 lernen bestimmt Französisch – das steht jedenfalls im Prospekt der Schule.

Beispiel:

0 Die Jugendlichen fahren ins Ausland, weil sie …

   a ☐ dort leben wollen.

   b ☐ ein Praktikum machen wollen.

   c ☒ Sprachkurse besuchen wollen.

💡 *Tipp*

Denk daran:
Im Text stehen andere Wörter
als in der Aufgabe!

1 Der Text sagt, dass …

   a ☐ man im Kurs nicht zu viel arbeiten muss.

   b ☐ Französisch eine einfache Sprache ist.

   c ☐ die Kursteilnehmer über 16 sein müssen.

💡 *Tipp*

Nur eine Lösung ist richtig!

2 Die Jugendlichen lernen Französisch, weil sie …

   a ☐ finden, dass Lernen Spaß macht.

   b ☐ in Frankreich schon Freunde haben.

   c ☐ denken, dass Fremdsprachen wichtig sind.

4 Die Sprachschülerinnen und Schüler …

   a ☐ dürfen nicht im Meer schwimmen.

   b ☐ machen am Abend Sprachspiele.

   c ☐ können abends Filme sehen.

3 Am Nachmittag …

   a ☐ machen die Jugendlichen Hausaufgaben.

   b ☐ treffen sich Deutsche und Franzosen.

   c ☐ gibt es Freizeit- und Musikprogramme.

5 Bei der Anmeldung ist wichtig, dass …

   a ☐ man ein bisschen Französisch kann.

   b ☐ die Eltern einverstanden sind.

   c ☐ man alle Fragen beantwortet.

2 Was steht im Text? Kreuze an.

Du liest in einer Zeitung diesen Text.

Lies dann die Aufgaben 1–5 und suche die Lösungen im Text.

Die beste Reiterin im Norden ist erst 16.

Anna Petersen steht mit ihrem Pferd Isola auf dem Reitplatz in Elmshorn, im Süden
von Schleswig-Holstein. Sie lebt an der Nordsee, in Friedrichskoog. Ihr zehnjähriger
Bruder Stefan steht neben ihr, er reitet auch.

5 Anna erzählt uns, dass sie gern eine eigene Wohnung nahe beim Reitplatz haben
möchte. Aber damit sind ihre Eltern nicht einverstanden.

„Ich habe schon mit sechs Jahren angefangen", sagt Anna, „meine Mutter reitet gern und ich war immer
dabei. Jetzt muss ich jeden Tag trainieren. Meistens kann ich mit meinem Vater fahren, wenn er am Nachmittag zur Arbeit fährt. Aber manchmal nehme ich den Bus, dann komme ich spät nach Hause und bin sehr

10 müde."

Vor zwei Jahren im Sommer hat Anna beim Büsumer Wattrennen den ersten Preis gewonnen. Das ist
ein großes Reiterfest am Meer: Die Pferde laufen ein paar Kilometer über den Strand. Es sieht wunderbar
aus und macht allen Leuten Freude. Danach hat es noch mehr Preise gegeben, aber Anna meint, gewinnen
ist gar nicht besonders wichtig. Sie möchte alles über Pferde lernen und bei vielen Wettbewerben

15 mitmachen.

Modul Lesen

1 Annas Heimatstadt liegt …
  a ☐ im Süden von Deutschland.
  b ☐ auf einer Insel.
  c ☐ am Meer.

Tipp

Im Text stehen andere Wörter
als in der Aufgabe!

2 Anna wohnt …
  a ☐ bei ihrem großen Bruder.
  b ☐ allein in der Nähe von den Pferden.
  c ☐ bei ihrer Familie.

4 Vor zwei Jahren im Sommer …
  a ☐ hat Anna in Büsum Ferien gemacht.
  b ☐ ist Anna als Erste im Ziel angekommen.
  c ☐ hat Anna ein wunderbares Pferd
       bekommen.

3 Anna interessiert sich für das Reiten, weil …
  a ☐ auch andere in ihrer Familie dieses Hobby
       haben.
  b ☐ sie die Schule sehr langweilig findet.
  c ☐ ihr Vater sie zum Reitplatz mitgenommen hat.

5 Anna wünscht sich am meisten, dass …
  a ☐ sie bei ihrem Hobby viel Spaß hat.
  b ☐ sie viele Erfahrungen sammelt.
  c ☐ sie immer als Erste ankommt.

III Lesen Teil 2

A Übungen zum Wortschatz „Freizeit/Unterhaltung"

Die Wortliste findest du auf S. 40.

1 Was machst du in deiner Freizeit? Schreibe.

a   b   c   d   e   f

g   h   i   j   k   l

a Ich gehe oft ins Theater.   b Ich _____

_____

_____

_____

_____

_____

_____

_____

_____

2 Rätsel. Finde die Wörter.

a Schreibe die Wörter in das Rätsel.

b Schreibe das Lösungswort.

Lösungswort: _____

3 Welcher Satz passt? Ordne zu.

a Ich gehe meistens früh schlafen, ☐　　1 ist die Fahrkarte viel billiger.

b Ich möchte gern eine Katze haben,
　 aber das geht nicht, ☐　　2 weil wir so gern wandern.

c Ich kann dir das Buch leihen, ☐　　3 weil ich viel von der Welt sehen will.

d Wenn ihr in der Gruppe reist, ☐　　4 schreibe ich noch ein paar SMS an meine
　　　　　　　　　　　　　　　　　　 beste Freundin.

e Wenn ich abends nicht zu müde bin, ☐　　5 weil ich morgens um sechs aufstehen muss.

f Am Wochenende machen wir oft Ausflüge
　 in die Berge, ☐　　6 wenn du versprichst, dass ich es morgen
　　　　　　　　　　　　　　　　　　 zurückbekomme.

g Am liebsten möchte ich als Reiseführerin
　 arbeiten, ☐　　7 weil meine Mutter keine Tiere im Haus
　　　　　　　　　　　　　　　　　　 haben will.

4 Was passt? Ordne zu.

1 Wenn wir den Zug um 8:20 Uhr nehmen,
　 haben wir in Köln gleich ____ nach Frankfurt.
　 a ☐ Zeit
　 b ☐ Anschluss
　 c ☐ Ausflug

2 Ich liebe Ruhe und Bäume, ich gehe gern
　 ____ spazieren.
　 a ☐ im Zentrum
　 b ☐ auf dem Sportplatz
　 c ☐ im Wald

3 Für Schüler gibt es im Kino ____.
    a ☐ eine Ermäßigung
    b ☐ eine Sendung
    c ☐ eine Sehenswürdigkeit

4 Ich sehe nicht oft fern, ich finde die
   meisten ____ langweilig.
    a ☐ Sendungen
    b ☐ Bilder
    c ☐ Zeitschriften

5 Wenn du Tennis spielen willst,
   gehe am besten in ____.
    a ☐ eine Firma
    b ☐ einen Verein
    c ☐ ein Lokal

6 Am Wochenende haben wir gutes Wetter.
   Ich möchte etwas ____!
    a ☐ interessieren
    b ☐ teilnehmen
    c ☐ unternehmen

5 Was sagen diese Personen? Schreibe Notizen.

 **Julia:** Ich habe nicht viel Freizeit, weil ich fast immer für die Schule lernen muss. Ich bin in der 12. Klasse und will bald Abitur machen. Meistens habe ich nur am Wochenende frei. Dann treffe ich mich mit meinen Freundinnen und wir gehen ins Stadtzentrum. Wir haben nicht viel Geld, aber wir interessieren uns für Mode und probieren gern Kleider an. Manchmal kaufe ich auch ein T-Shirt oder eine Hose. Aber am wichtigsten ist, dass wir immer viel Spaß haben beim „Shoppen".

 **Philipp:** Ich habe ziemlich viel Freizeit. Mit den Hausaufgaben bin ich immer sehr schnell fertig und zu Hause muss ich nicht helfen. In der Stadt gibt es für 15-jährige Schüler nur wenig Interessantes. Ich sitze am Nachmittag mit meinem Freund vor dem Computer und spiele. Wir haben ein paar tolle Computerspiele, die spielen wir schon lange mit einer ganzen Gruppe. Das ist wahnsinnig spannend, wir hören immer erst auf, wenn meine Mutter nach Hause kommt.

 Gertrud: Ich habe eigentlich kein richtiges Hobby. Ich muss sehr viel üben, weil ich neben der Schule auch noch Klavierunterricht habe. Ich bin jetzt in der 10. Klasse, nach dem Mittagessen mache ich immer erst meine Hausaufgaben, danach sitze ich zwei Stunden am Klavier. Nach der Arbeit kauft mein Vater meistens im Supermarkt ein, und dann kochen und essen wir zusammen, das macht uns beiden Spaß.

 Jan: Ich bin ein Sportfanatiker! Ich möchte mich in jeder Situation fit und gesund fühlen. In der Schule machen wir leider nicht viel Sport, deshalb gehe ich am Nachmittag dreimal pro Woche zum Fußballtraining. Meine Mutter hat immer Angst, dass ich die Hausaufgaben nicht gut genug mache. Ich habe nicht so gute Noten in Englisch und Erdkunde, aber sonst geht es ganz gut. Wenn ich im Sportverein mit meinen Fußballfreunden trainieren kann, bin ich glücklich!

Name	Schule?	Hobby?	Wo?	Mit wem?

6 Was ist richtig? Wähle *Richtig* oder *Falsch*. Kreuze an.

⊖ ○ ○

Von: Sallyjen@aol.com
An: bine@libero.de

Hallo Sabine,
jetzt können wir unseren Ausflug doch noch machen. Hurra!!! Klaus und seine beiden Freunde kommen
mit, da können wir mit dem Gruppenticket fahren (nur 40,00 Euro für uns alle!) und an diesem Sonntag
sind alle Besichtigungen in Lübeck kostenlos. Was sagst du nun???
Also Sonntagmorgen 6:10 Uhr am Bahnhof, o.k.?
Ruf mich auf dem Handy an und vergiss die Regenjacke nicht.

Küsschen von Sally

		Richtig	Falsch
a	Sabine und Sally wollen nach Lübeck fahren.	Richtig	Falsch
b	Die Reise nach Lübeck soll das ganze Wochenende dauern.	Richtig	Falsch
c	Für 5 Personen gibt es eine Ermäßigung auf den Fahrpreis.	Richtig	Falsch
d	Im Museum in Lübeck müssen sie nichts bezahlen.	Richtig	Falsch
e	Die Freundinnen treffen sich an der Bushaltestelle.	Richtig	Falsch
f	Sally ist sicher, dass am Sonntag die Sonne scheint.	Richtig	Falsch

7 Finde die richtigen Antworten. Schreibe die Sätze.

Vielleichtkannstduetwasvorschlagen?Danke,darauffreueichmichEristkrankNein,amMittwochumdreihab
eichKlavierunterrichtIchbastelegernNein,ichbinschonverabredet.

a Ich lade dich zu meiner Geburtstagsparty ein.   *Danke, darauf freue ich mich.*
b Was wollen wir am Wochenende machen?   _____
c Können wir morgen zusammen einkaufen gehen?   _____
d Warum ist Pedro heute nicht gekommen?   _____
e Was machst du in der Freizeit am liebsten?   _____
f Hast du am Nachmittag immer frei?   _____

8 Wie heißen diese Verben in deiner Sprache? Schreibe.

träumen   _____
frei haben   _____
sich beeilen   _____
sich freuen   _____
sich interessieren _____
vorschlagen   _____
sich unterhalten   _____
verabredet sein   _____
nichts tun   _____
stattfinden   _____
teilnehmen   _____

B Übungen zu Lesen Teil 2

1 Programme, Hinweisschilder, Übersichten

a Welche Überschrift passt? Ordne zu.

1 Rathaus _____

2 Kaufhaus _____

3 Touristen-Information _____

4 Freizeit-Ausstellung _____

Für eine Überschrift gibt es keine Lösung.

B

> 15. August bis 7. September
> auf dem Messeplatz am Stadion
>
> ## Halle 1
>
> Alles für den Radsport –
> 500 verschiedene Modelle – ...
> Informationen über Radwandern – ...
>
> ...
>
> ## Halle 2
>
> Jugendcamps – Sportferien –
> Internationale Jugendreisen –
>
> ...

A

> ### Zu Fuß durchs Stadtzentrum
>
> 10:00 Führung im Dom – Spaziergang
> durch Seilergasse und Böttcherstraße – ...
> 12:30 Führung im Alten Schloss – ...

C

> ▶ Erdgeschoss
> Informationen – Anmeldung
>
> ▶ 1. Stock
> Warteraum – Wohnsitz – Personalausweis – ...
>
> ▶ 2. Stock
> ...

b Welches sind die Schlüsselwörter in den drei Texten? Schreibe.

A: *durchs Stadtzentrum* _____

B: _____

C: _____

2 Wo findest du das?

Du liest die Informationen im Kaufhaus.

a Welche Antwort ist richtig?

<u>Aufgabe:</u> Du möchtest einen Rucksack kaufen. Wohin gehst du?

Wähle a, b oder c:

a ☐ 1. Stock

b ☐ 2. Stock

c ☐ 3. Stock

> **1. Stock:**
> Damenbekleidung –
> Schuhe – Unterwäsche
>
> **2. Stock:**
> Sportkleidung – Sport-
> artikel – Taschen
>
> **3. Stock:**
> Spielzeug – Haushalts-
> waren – Geschenke

b Finde die Schlüsselwörter und schreibe.

– in der Aufgabe: _____

– im Text: _____

3 Welche Internetseite ist richtig?

Du möchtest im Internet verschiedene Sachen kaufen.

a **Lies die Aufgaben. Markiere die Schlüsselwörter in den Aufgaben.**

Aufgaben:

1 Du suchst ein Hörbuch für deine kleine Schwester, sie ist fünf Jahre alt.

2 Du brauchst ein Buch mit Informationen über Hamburg: Stadtplan, Sehenswürdigkeiten …

3 Du willst ein Geschenk für deinen Freund kaufen, er liebt Computerspiele.

b **Lies jetzt den Text. Markiere die Schlüsselwörter im Text.**

www.neue-und-alte-medien/heute.de

→ Tolle Geschichten	die neuesten Krimis und Thriller – Fantasy – Romantik für junge Leute – Stoff für richtige Leseratten – auch gebrauchte Bücher – Sonderangebote
→ Für unsere Jüngsten	mein allererstes Buch – Bücher zum Vorlesen – die besten CDs zum Zuhören – lustige Bücher zum Ausmalen
→ Multi-Media	Smartphones und Tablets – Kopfhörer – DVDs: 1000 tolle Filme zum Sonderpreis
→ Sachbücher	Wörterbücher – Schulbücher – Reiseführer – Zeitschriften – Studienbücher – ausgewählte Zeitungsartikel

c **Welche Internetseite passt? Wähle a, b oder c. Kreuze an.**

Wenn du nichts gefunden hast, kreuze an: „andere Seite".

1 Du suchst ein Hörbuch für deine kleine Schwester, sie ist fünf Jahre alt.

   a ☐ Tolle Geschichten

   b ☐ Für unsere Jüngsten

   c ☐ andere Seite

2 Du brauchst ein Buch mit Informationen über Hamburg: Stadtplan, Sehenswürdigkeiten …

   a ☐ Multi-Media

   b ☐ Sachbücher

   c ☐ andere Seite

3 Du willst ein Geschenk für deinen Freund kaufen, er liebt Computerspiele.

   a ☐ Tolle Geschichten

   b ☐ Multi-Media

   c ☐ andere Seite

4 „Falsche Fährten" erkennen

Du bist auf dem Stadtfest und liest das Programm.

In jedem Text gibt es Informationen. Zu jeder Aufgabe gibt es eine Information, das ist die Lösung. Andere Informationen sind ähnlich, aber passen nicht. Das sind „falsche Fährten". Die muss man erkennen.

a Lies zuerst die Aufgaben. Markiere die Schlüsselwörter.

a ☐ Du möchtest dich über <u>die Stadtgeschichte</u> informieren.

b ☐ Du möchtest Italienisch lernen.

c ☐ Du willst ein Konzert hören.

Achtung: *Bei dieser Übung gibt es <u>keine richtigen Lösungen</u>.*

b Lies jetzt den Text und markiere die „falschen Fährten" im Text.

Samstag, 14. August	
15:30 Uhr	Der Bürgermeister eröffnet das Stadtfest – der Sportverein marschiert mit Musik durch die Stadt
16:00 Uhr	Ausstellung: Möbel und Kleider <u>aus dem 19. Jahrhundert</u> – Märchenerzähler im kleinen Zelt – Bierausschank im Festzelt
17:30 Uhr	Bestseller-Autor B. Schlichter liest aus seinem Roman „Kaltes Licht" im kleinen Zelt – Kochkurs „Italienische Spezialitäten" mit Bruno Bernini im Festzelt
19:00 Uhr	Beginn der großen Feier im Festzelt: Aufmarsch der Gruppe „<u>Urania 1744</u>" – Vorstellung der Künstler

c Schreibe die „falschen Fährten".

zu a: *aus dem 19.*

zu b: _____

zu c: _____

C Training zu Lesen Teil 2

1 Lies die Aufgaben 1 bis 5 und den Text. Welcher Termin passt für dich? Wähle die richtige Lösung a, b oder c.

Du bist beim Stadtfest in Waiblingen und liest das Programm.

Tipp

Markiere die Schlüsselwörter in der Aufgabe!

Beispiel:

0 Du interessierst dich für Kleider und Mode.

a ☐ am Samstagabend

b ☐ am Sonntagvormittag

c ☒ anderer Termin

1 Du möchtest, dass dein 6-jähriger Bruder Spaß hat.
 a ☐ am Samstagnachmittag
 b ☐ am Sonntagvormittag
 c ☐ anderer Termin

4 Du hörst gern klassische Musik.
 a ☐ am Samstagvormittag
 b ☐ am Sonntagvormittag
 c ☐ anderer Termin

2 Du möchtest ein Gericht aus Waiblingen essen.
 a ☐ am Samstagnachmittag
 b ☐ am Samstagabend
 c ☐ anderer Termin

5 Du möchtest einen kleinen alten Schreibtisch kaufen.
 a ☐ am Samstagvormittag
 b ☐ am Samstagnachmittag
 c ☐ anderer Termin

3 Du interessierst dich für die Geschichte der Stadt.
 a ☐ am Samstagnachmittag
 b ☐ am Sonntagvormittag
 c ☐ anderer Termin

Tipp

Im Text stehen andere Wörter als in der Aufgabe!

Stadtfest Waiblingen

Samstagvormittag
Ab 9:00 Begrüßung vor dem Rathaus
 Umzug durch die Stadt mit Musik
 Modenschau im Park

Samstagnachmittag
Ab 14:30 Fußballspiel auf dem Sportplatz
 Feste und Feiertage: Vortrag und Führung durch das Heimatmuseum
 Theater für unsere kleinen Gäste auf dem Marktplatz
 Obst- und Gemüsemarkt in der Kanalstraße

Samstagabend
ab 20:00 Kostenlos im Biergarten: Waiblinger Käsespätzle
 Musik und Tanz im Stadtpark
 Weinprobe in der „Waiblinger Stube"

Sonntagvormittag
ab 10:00 Führung durch das Naturkundemuseum
 Kammermusik im Rathaus: Das „Waldheimer Quartett" spielt Mozart
 Kurzfilm-Schau im Astor Kino

Sonntagnachmittag
ab 14:30 Verkaufsstände „Kitsch, Kunst und alte Sachen" auf dem Marktplatz
 Große Blumenschau im Park
 Umzug durch die Stadt mit Musik

2 Lies die Aufgaben 1 bis 5 und den Text. Welche Stadtführung ist für dich richtig? Wähle die richtige Lösung a, b oder c.

Du liest den Prospekt von der Touristen-Information.

Tipp

Markiere die Schlüsselwörter in der Aufgabe!

Tipp

Im Text stehen andere Wörter als in der Aufgabe!

1 Du möchtest mit dem Schiff fahren.
a ☐ B
b ☐ D
c ☐ andere Führung

2 Du willst nur das Stadtzentrum kennenlernen.
a ☐ A
b ☐ D
c ☐ andere Führung

3 Du möchtest vor allem den „Uhrenturm" sehen.
a ☐ B
b ☐ E
c ☐ andere Führung

4 Du hast nur eine Stunde Zeit.
a ☐ A
b ☐ E
c ☐ andere Führung

5 Du isst gern Kuchen und Torten.
a ☐ C
b ☐ D
c ☐ andere Führung

A Zu Fuß durch die Altstadt
10:00 Uhr Dom – Seilergasse, Böttcherstraße – Führung im Alten Schloss – Besichtigung im Rathaus –
12:30 Uhr Domplatz

B Stadtbesichtigung vom Wasser aus
9:00 Uhr Abfahrt am Michaeliskai – Handelshafen – kleiner Yachthafen – Fahrt durch den Hauptkanal –
12:00 Uhr Ankunft Stadtbrücke

C Große Stadtbesichtigung
9:00 Uhr Abfahrt Bahnhof – Dom, Altes Schloss – Kaffeepause in der ältesten Bäckerei – Stadion –
Gartentheater – 12:00 Uhr Ankunft Bahnhof

D Stadtbesichtigung für eilige Besucher
9:00 Uhr Abfahrt Bahnhof – Dom, Altes Schloss – Stadtpark, Einkaufszentrum – Kongresshalle –
10:00 Uhr Ankunft Bahnhof

E Historische Rundfahrt
10:00 Uhr Abfahrt Marktplatz – Fahrt am Alten Schloss vorbei – Residenzmuseum mit Führung –
Fahrt zum alten Turm – Besichtigung der historischen Uhren – 13:00 Uhr Ankunft Marktplatz

IV Lesen Teil 3

A Übungen zum Wortschatz „Körper/Gesundheit"

Die Wortliste findest du auf S. 41.

1 Wie heißen diese Körperteile? Schreibe.

1	2	3	4	5
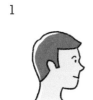				

6	7	8	9	10

11	12
	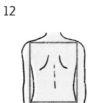

1 *der Kopf* _____   5 _____   9 _____
2 _____   6 _____   10 _____
3 _____   7 _____   11 _____
4 _____   8 _____   12 _____

2 Wie heißt das Gegenteil? Schreibe.

a krank _____   h drinnen _____
b gut _____   i dick _____
c schwach _____   j reich _____
d voll _____   k alt _____
e süß _____   l schön _____
f dumm _____   m groß _____
g heiß

3 Lies den Text und die Sätze a bis f. Sind die Sätze *Richtig* oder *Falsch?* Kreuze an.

Die Krankenkasse schlägt vor: mehr Sport für Jugendliche

Immer mehr Ärzte und Lehrer sind besorgt darüber, dass viele Kinder und Jugendliche sich nicht genug bewegen. Vor einigen Jahren gab es die Angst, dass die Kinder zu
5 viele Stunden vor dem Fernseher verbringen, heute glauben wir, dass der Computer im Kinderzimmer viel gefährlicher ist.
Seit einigen Jahren liest man in den Zeitungen immer wieder, dass gerade junge Menschen oft die falschen
10 Lebensmittel wählen: zu viele Süßigkeiten, zu viel Cola und Kartoffel-Chips. Wenn sie dann nicht genug Sport machen, kann eine gefährliche Situation entstehen. Auch die Krankenkassen beschäftigen sich mit diesem Problem und geben die folgenden Empfehlungen an die
15 Eltern heraus:
Sorgen Sie dafür, dass Ihr Kind jeden Tag Gemüse und Obst bekommt.
Organisieren Sie einmal am Tag ein gemeinsames Essen.
Melden Sie Ihr Kind im Sportverein an. Kontrollieren Sie,
20 wie viele Stunden Ihr Kind vor dem Computer verbringt.

a Die Stadt empfiehlt ein Sportprogramm für Jugendliche.	Richtig	Fal**X**ch
b Früher haben die Leute gedacht, dass die Kinder zu viel fernsehen.	Richtig	Falsch
c Viele Kinder und Jugendliche essen ungesund.	Richtig	Falsch
d Kinder sollen selbst entscheiden, was sie essen wollen.	Richtig	Falsch
e Die Familien sollen mittags und abends zusammen essen.	Richtig	Falsch
f Die Eltern sollen mit den Kindern am Computer spielen.	Richtig	Falsch

4 Welches Wort passt? Ergänze.

Halsschmerzen • Filme • Hausaufgaben • besuchen •
Handy • Schule • Arzt • Kopf • Appetit • krank • Bett •
schlecht • Erkältung • huste

Hi Janna,

jetzt bin ich schon zwei Tage _____ (1) – wie langweilig!! Der _____ (2)

sagt, dass es nur eine _____ (3) ist, aber es geht mir ziemlich _____ (4).

Ich habe ein bisschen Fieber und _____ (5) , der _____ (6) tut mir auch

5 weh. Und ich _____ (7) den ganzen Tag, es ist scheußlich! Ich mag auch nichts essen, ich

habe keinen _____ (8). Meistens liege ich nur im _____ (9) und sehe

langweilige _____ (10) im Fernsehen.

Kannst du mich _____ (11)? Du musst mir alles von der _____ (12)

erzählen. Und bring mir bitte auch die _____ (13) mit!

10 Wann kommst du? Bitte, ruf mich auf dem _____ (14) an!

Liebe Grüße
Gitte

5 Was passt? Ordne zu.

1 Die Tabletten bekommt man ____.
   a ☐ am Kiosk
   b ☐ in der Apotheke
   c ☐ in der Bäckerei

2 Du bist verletzt, du hattest sicher ____.
   a ☐ eine Krankheit
   b ☐ Fieber
   c ☐ einen Unfall

3 Dr. Brunner hat morgen
   von 9:00 bis 12:00 ____.
   a ☐ Besuch
   b ☐ Sprechstunde
   c ☐ Unterhaltung

4 Morgens und abends nehme ich ____.
   a ☐ ein Medikament
   b ☐ eine Untersuchung
   c ☐ eine Operation

5 Am Wochenende ist unser Hausarzt nicht da,
   dann rufen wir ____.
   a ☐ den Notarzt
   b ☐ die Krankenkasse
   c ☐ das Krankenhaus

6 Starke Medikamente bekommt man nur mit ____.
   a ☐ einem Mittel
   b ☐ einem Unfall
   c ☐ einem Rezept

6 Dialog bei der Ärztin. Welche Antwort passt? Schreibe.

Ichglaubeja,ichfühlemichsoheißMeinKopftutsehrwehNein,aberk
önnenSiemirbitteeinRezeptgeben?Ja,gutGutenTag,ichglaube,ichh
abeeineGrippeJa,gesternwardasauchschonso

Ärztin

a Guten Tag, Michaela, was fehlt dir denn?
b Vielleicht bist du nur erkältet. Hast du Fieber?
c Hast du auch Schmerzen?
d Hast du die Schmerzen schon lange?
e Hast du schon ein Medikament genommen?
f Ja sicher, aber ich möchte dich zuerst untersuchen.

Michaela

_____
_____
_____
_____
_____
_____

7 Wie heißen diese Verben in deiner Sprache? Schreibe.

Angst haben _____
wehtun _____
verletzt sein _____
gesund sein _____
bluten _____
husten _____
vorsichtig sein _____
sich fühlen _____
aktiv sein _____
Stress haben _____

B Übungen zu Lesen Teil 3

1 Welcher Text passt? Warum schreiben diese Personen? Was wollen sie? Ordne zu.

1

> Toll!! Bin total glücklich.
> Wunderbares Geschenk.
> Liebe dich!!

2 ⊝ ○ ○

Hallo Bernd,

prima, dass du dich gemeldet hast. Ich freue mich, dass es dir gut geht, aber ich möchte dich auch gern sehen. Kannst du am Wochenende nach Stuttgart kommen? Du kannst bei mir wohnen, meine Mutter ist einverstanden. Ruf mich auf dem Handy an, okay?

Achim

3 ⊝ ○ ○

Guten Tag Frau Müller,

in der nächsten Woche kann ich nicht zu Ihrer Arbeitsgruppe kommen. Ich muss mit meinem kleinen Bruder zum Arzt gehen. Klara will mir aber alles erzählen und beim nächsten Treffen bin ich wieder dabei.

Beste Grüße
Bastian

Für zwei Lösungen gibt es keinen Text.

	Text
sich verabreden	_____
sich entschuldigen	_____
jemandem danken	_____
einen Termin machen	_____
jemanden einladen	_____

2 Welche Antwort passt? Ordne zu.

a Danke für deine E-Mail. Ich finde deinen Vorschlag gut. Wenn wir zusammen lernen, geht es sicher schneller. Wir können uns in der Bibliothek treffen, was meinst du? ☐	**1** Nein, ich habe nichts gefunden, tut mir leid! Komm doch heute Abend zu mir.
b Hallo Lara, warum bist du gestern nicht gekommen? Wir haben dich zweimal angerufen, aber du hast nicht geantwortet. Was war denn los? ☐	**2** Ja, das ist in Ordnung, also um 16:00 Uhr.
c Hi Barbara, ich habe gestern meine Kette bei dir verloren. Hast du sie vielleicht gesehen? ☐	**3** Komm lieber zu mir, hier ist es ruhiger und ich habe alle Bücher auch zu Hause.

d Lieber Max, du hast am 21. März das Hörbuch „Stoner" von J. Williams aus der Schulbibliothek geliehen. Du musst das Hörbuch jetzt zurückgeben. ☐	**4** Tut mir leid, ich war mit meinem Vater in Hamburg und das Handy habe ich zu Hause vergessen. Ich rufe dich später an!
e Guten Morgen Lisa, wir wollten uns ja heute Mittag am Dom treffen. Das schaffe ich leider nicht. Geht es für dich auch am Nachmittag um vier? ☐	**5** Die CDs sind nicht mehr bei mir. Ich glaube, ich habe sie schon vor zwei Wochen zurückgebracht.

3 Wo findest du diese Informationen im Text? Notiere den Abschnitt.

Lies zuerst den Text. Suche dann die Informationen im Text.

🔴 ⚪ ⚪

1 **Liebe Susi,**

wie geht es dir? Findest du die Schule ohne mich langweilig? Ich denke auf jeden Fall, dass du immer noch meine beste Freundin bist! Ich möchte mich auch gern länger mit dir unterhalten, ruf mich doch mal wieder an. Abends um sieben bin ich immer zu Hause.

2 Die Schule hier in Bonn ist ganz anders, da muss ich mich erst mal zurechtfinden. Wir haben sogar andere Fächer, Sozialkunde zum Beispiel. Da geht es um Politik und solche Sachen, total uninteressant. Das ist für mich alles noch sehr neu. Und im nächsten Jahr muss ich Französisch lernen, furchtbar! Na ja, vielleicht machen wir dann auch mal eine Klassenreise nach Paris. Das wäre natürlich cool.

3 Ich muss aber sagen, dass unser Schulhaus hier einfach fantastisch ist: Wir haben eine riesengroße Sporthalle und die Räume sind auch schön. Jeder Schüler hat einen eigenen Tisch und genug Platz zum Arbeiten. Es gibt auch überall Computer und Internetanschluss. Aber die Handys dürfen wir natürlich nicht benutzen, da sind die Lehrer sehr streng.

4 Ich habe auch schon eine Freundin gefunden, sie heißt Anna. In der Pause sind wir immer zusammen. Ich mag sie gern, aber sie wohnt nicht in Bonn, sie kommt mit dem Bus zur Schule. Ich möchte gern mehr Freundinnen haben. Nachmittags weiß ich oft nicht, was ich machen soll. Shoppen gehen ohne Freundinnen ist langweilig.

5 Weißt du noch, wie lustig es immer war, wenn wir zusammen im Stadtzentrum waren? Mit Ella und Mary, das war doch toll! Einmal habe ich so sehr gelacht, dass ich Bauchschmerzen hatte. Hier habe ich bisher nicht viel Spaß gehabt, aber vielleicht kommt das ja noch.

Antworte mir bald!
Deine Bella

	Abschnitt
a Bella fühlt sich in der neuen Schule fremd.	_____
b Sie findet ihr neues Klassenzimmer wunderbar.	_____
c Bella möchte mit Susi sprechen.	_1_
d Das Smartphone ist in der Schule verboten.	_____
e Bella erinnert sich gern an die Nachmittage mit Susi.	_____
f Sie soll bald eine neue Fremdsprache lernen.	_____
g Bella fühlt sich in Bonn allein.	_____
h Sie hat ein nettes Mädchen kennengelernt.	_____

Modul Lesen

4 Die richtigen Informationen finden

– *Lies zuerst den Text. Lies dann die Aufgaben und suche die Informationen im Text.*
– *Markiere im Text und in den Aufgaben die wichtigen Informationen.*

Hi Alex,

wir sind ja heute Nachmittag zum Fußball verabredet. Ich habe jetzt ein Problem: Wir haben Besuch bekommen. Mein Onkel und mein Cousin aus Berlin wohnen für eine Woche bei uns, weil sie unsere Stadt sehen wollen. Meinst du, ich kann meinen Cousin Marvin zum Fußball mitbringen? Dann kannst du ihn
5   kennenlernen, er ist ein guter Typ. Ich habe eine E-Mail von unserem Trainer bekommen, dass wir unbedingt alle kommen müssen, weil ja am <u>Sonntag</u> das Spiel gegen die HBS-Schule stattfindet. Vielleicht kann <u>Marvin mitmachen</u>, der ist nämlich ein toller Fußballspieler. Mein Onkel spielt auch sehr gut, aber der ist natürlich zu alt. Ich glaube, ich muss dem Trainer das alles am Telefon erzählen. Hast du seine Handynummer? Schick sie mir schnell per SMS.

10   Alles klar?
Benni

Was ist richtig: a, b oder c? Kreuze an.

Warum sind die anderen Antworten falsch? Schreibe.

Beispiel:

0 Benni möchte, dass …

    a ☐ sein Onkel und sein Cousin am Nachmittag mitkommen.

    b ☐ Alex dem Trainer die neue Situation erklärt.

    c ☒ <u>Marvin</u> am <u>Wochenende mitspielt</u>.

Warum ist a ☐ falsch? *Der Onkel soll nicht mitkommen.*
Warum ist b ☐ falsch? *Benni will alles erklären, nicht Alex.*

1 Marvin und sein Vater …

    a ☐ wohnen schon lange bei Bennis Familie.

    b ☐ möchten das Fußballspiel am Sonntag sehen.

    c ☐ kommen aus einer anderen Stadt.

Warum ist ___ ☐ falsch? _____
Warum ist ___ ☐ falsch? _____

2 Der Trainer hat Benni eine E-Mail geschickt, weil er …

    a ☐ ihn an das Training erinnern will.

    b ☐ den Cousin kennenlernen will.

    c ☐ mit Benni am Telefon sprechen will.

Warum ist ___ ☐ falsch? _____
Warum ist ___ ☐ falsch? _____

C Training zu Lesen Teil 3

1 Du liest eine E-Mail. Wähle für die Aufgaben 1 bis 5 die richtige Lösung
a, b oder c. Kreuze an.

Tipp

Lies zuerst den Text.
Es ist wichtig, dass du die
Geschichte verstehst.

Hallo Kai,

du weißt ja, dass ich hier im Krankenhaus bin. Es geht mir aber schon wieder besser, heute Mittag komme
ich nach Hause. Das war wirklich eine dumme Sache: Auf der Straße lag ein Baum und ich habe ihn
natürlich nicht gesehen, weil es dunkel war. Ich war sehr schnell mit dem Fahrrad, also bin ich ziemlich
5 schlimm gefallen. Mein Kopf hat geblutet, ich hatte zuerst auch Schmerzen.
Der Arzt hat vorgeschlagen, dass ich noch drei Tage zu Hause bleiben soll. Er hat meinen Kopf untersucht
und gesagt, dass alles in Ordnung ist. Ich darf aber noch nicht so viel herumlaufen. Kannst du mir morgen
vielleicht die Hausaufgaben bringen?
Die zwei Tage im Krankenhaus waren scheußlich. Natürlich waren meine Eltern da, meine Schwester auch,
10 aber ich durfte gar nichts tun. Sie wollten mir nicht mal mein Smartphone geben! Ich hatte schon Angst,
dass es vielleicht kaputt ist, aber jetzt habe ich es zurückbekommen und du siehst ja: Es ist okay! Meine
Mutter will nicht, dass ich lese oder Spiele mache. Sie denkt, das ist nicht gut für meinen Kopf. Ich muss
aber wenigstens ein paar E-Mails und SMS schreiben, das ist doch klar!
Mit unserem Badeausflug am ersten Ferientag ist es schwierig: Mein Fahrrad ist kaputt und meine Mutter
15 wird ärgerlich, wenn ich davon spreche. Ich soll mit der Familie wandern, sagt sie.

Aber diese Probleme kann man lösen! ☺
Juri

Beispiel:

0 Juri ist in diesem Moment …
   a ☐ zu Hause.
   b ☒ im Krankenhaus.
   c ☐ auf der Straße.

Tipp

Die Aufgaben sind chronologisch,
d. h. die Antwort zu Frage 1
muss ziemlich am Anfang stehen.

1 Juri erzählt, dass er …
   a ☐ sich immer noch sehr schlecht fühlt.
   b ☐ schon eine Woche im Krankenhaus ist.
   c ☐ einen Unfall mit dem Fahrrad hatte.

Tipp

Es gibt nur eine richtige Lösung!

2 Der Arzt hat gesagt, dass …
   a ☐ Juri am Kopf nicht schlimm verletzt ist.
   b ☐ er noch länger im Krankenhaus bleiben soll.
   c ☐ er nach einer Woche wieder zur Schule kann.

4 Im Krankenhaus ist es langweilig, weil …
   a ☐ Juri keinen Besuch bekommt.
   b ☐ er im Bett liegen und ruhig bleiben soll.
   c ☐ sein Kopf immer noch wehtut.

3 Juri möchte, dass Kai …
   a ☐ zu ihm ins Krankenhaus kommt.
   b ☐ ihm sein Handy mitbringt.
   c ☐ ihn am nächsten Tag besucht.

5 Am Anfang der Ferien …
   a ☐ will Juri einen Spaziergang machen.
   b ☐ planen Kai und Juri eine Fahrt zum See.
   c ☐ soll Kai Juri bei seinen Problemen helfen.

2 Du liest eine E-Mail. Wähle für die Aufgaben 1 bis 5 die richtige Lösung a, b oder c. Kreuze an.

Tipp

Lies zuerst den Text.
Es ist wichtig, dass du die
Geschichte verstehst.

Liebe Marie,

wie sind die Ferien im Gebirge? Seid ihr schon viel gewandert? Wie gut, dass ich nicht mitmachen muss! Habt ihr gutes Wetter?

5 Hier ist es natürlich heiß, Malta ist schließlich eine Insel im Mittelmeer. Es sieht hier genauso aus wie im Prospekt der Sprachenschule. Mein Vater hat ja gleich gesagt, dass die Insel ziemlich klein ist. Das ist sie auch. Wir sind nachmittags am Strand, für den Englischkurs müssen wir dann nicht mehr arbeiten. Der Unterricht findet immer von acht bis eins statt, ich bin im B2-Kurs. Es ist noch ein Junge da: Yanis ist 16 und kommt aus Griechenland. Er spricht sehr gut Englisch und er ist supercool! Ich habe schon gut sprechen gelernt, weil wir den ganzen Tag zusammen sind.

10 Meine Gastfamilie lebt im Zentrum von Valletta, das ist die Hauptstadt von Malta. Die Schule ist ganz in der Nähe. Übrigens haben die Malteser auch eine eigene Sprache, Englisch ist nur die Verkehrssprache. Die maltesische Geschichte ist sehr aufregend, leider sprechen wir im Kurs nie davon. Da geht es nur um englische Texte über England.

Yanis und ich haben große Pläne. Im nächsten Jahr will ich zu ihm nach Athen fahren, und natürlich soll
15 Yanis auch Deutschland kennenlernen. Und gestern hatte ich die Idee, dass wir uns schon im Oktober wiedersehen können, bei dem großen Rockfestival in London.

Marie, das wird fantastisch! Kommst du mit?

Philipp

Tipp

Die Aufgaben sind chronologisch,
d. h. die Antwort zu Frage 1
muss ziemlich am Anfang stehen.

1 Wie hat Philipp die Sprachenschule gefunden?
   a ☐ Marie hat ihm davon erzählt.
   b ☐ Er hat davon gelesen.
   c ☐ Seine Eltern kennen die Schule.

2 Was macht Philipp an den langen Ferientagen?
   a ☐ Er unterhält sich mit einem neuen Freund.
   b ☐ Er hat täglich acht Stunden Englischunterricht.
   c ☐ Er besucht den Kurs und macht Hausaufgaben.

3 Wo wohnt Philipp?
   a ☐ In der Sprachenschule.
   b ☐ Mitten in einer Stadt.
   c ☐ In einem Haus am Strand.

4 Was findet Philipp schade?
   a ☐ Er lernt auf der Insel keine Leute kennen.
   b ☐ Er kann mit den Maltesern nicht sprechen.
   c ☐ Er lernt nichts über die Insel.

5 Was möchte Philipp im Herbst machen?
   a ☐ Er will Yanis in Griechenland besuchen.
   b ☐ Er will Yanis zu sich nach Hause einladen.
   c ☐ Er will sich mit Yanis in England treffen.

V Lesen Teil 4

A Übungen zum Wortschatz „Essen/Trinken"

Die Wortliste findest du auf S. 41.

1 Wie heißen die Wörter? Ordne zu und schreibe die Wörter mit Artikel.

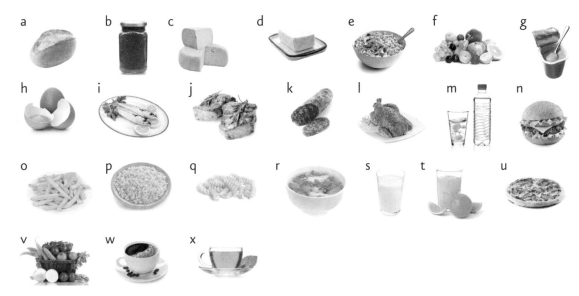

Frühstück	Mittagessen
a das Brötchen, b ...	

2 Rätsel. Wie heißen die Wörter?

a Schreibe die Wörter.

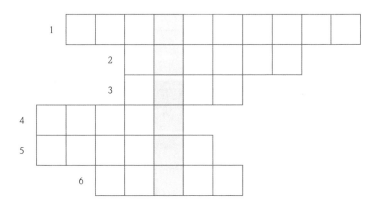

b Schreibe das Lösungswort.

Lösungswort: _____

3 Schreibe: Was magst du gern?

a Was isst du lieber, Salat oder Suppe?   *Ich esse lieber* _____.

b Was isst du gern zum Frühstück?   _____.

c Was trinkst du gern zum Frühstück?   _____.

d Isst du zum Mittagessen gern Reis?   *Nein,* _____.

e Was trinkst du lieber, Wasser oder Cola?   _____.

f Was ist dein Lieblingsessen?   *Am liebsten* _____.

4 Welche Antwort passt? Ordne zu.

a Wie schmeckt denn der Fisch?   ⬜ 5   1 Hm, ich nehme Banane und Joghurt.

b Wer macht bei euch die ganze Arbeit im Haus?   ⬜   2 Auf jeden Fall, der Kühlschrank ist leer!

c Ich möchte ein Schokoladeneis. Und du?   ⬜   3 Mein Lieblingsessen ist Pizza.

d Ich esse am liebsten Hähnchen, und du?   ⬜   4 Ich habe ein Müsli mit Milch gegessen.

e Müssen wir noch einkaufen?   ⬜   ⬥ Sehr gut, und wie ist der Salat?

f Möchtest du vielleicht ein halbes Hähnchen?   ⬜   6 Mein Vater kocht manchmal, aber alles andere macht meine Mutter.

g Hast du schon gefrühstückt?   ⬜   7 Du weißt doch, dass ich kein Fleisch esse!

5 Dialog am Kiosk. Welche Antwort passt? Ergänze.

WasistdennindemSalatOkay,ichnehmedieColaunddenNudelsalatIchessekeinFleischNein,dieesseichnicht sogernJa,eineColaUndwaskostetderSalat

Verkäuferin

a Was möchtest du?

b Magst du gern Pommes frites?

c Die Thüringer Bratwurst ist sehr gut.

d Wir haben auch Salate. Vielleicht einen Nudelsalat?

e Nudeln, Gemüse, Soße. Der schmeckt sehr gut.

f 2,50 Euro. Möchtest du auch etwas trinken?

g Die Cola kostet 2 Euro. Und was möchtest du jetzt?

Mädchen

Ich weiß nicht. Was gibt es denn? _____

_____.

_____.

_____?

_____?

_____.

_____.

6 Welche Situation passt? Ordne zu.

Für ein Bild gibt es keinen Dialog.

a   b   c   d

Dialog 1: Bild _____
▲ Na, schmeckt euch das Essen?
● Geht so. Und das Glas hier ist total schmutzig. Muss das so sein?
▲ Dann gehst du eben zum Tisch da drüben und holst dir ein neues! Das ist doch nicht so schwierig!

Dialog 2: Bild _____
▲ Sag mal, gibt es hier auch Messer? Ich habe nur eine Gabel bekommen.
● Ja klar, die sind da hinten, neben der Tür.

Dialog 3: Bild _____
▲ Ist alles in Ordnung? Braucht ihr noch etwas?
● Das Brot ist alle. Können wir noch was haben?
▲ Natürlich. Frag einfach in der Küche!

7 Welches Wort passt? Ergänze.

Tante • Eltern • treffen • ruf • Kuchen • schade • Sommerhose • Geburtstag • Lieblingscafé • Kleid • Osterferien • Geschenk • sieht • Spaß • gegangen

Hallo Julia,
du glaubst nicht, wie toll mein (1) _____ war! Ich habe von meinen (2) _____
eine Fahrkarte nach Berlin bekommen. Ich will in den (3) _____ fahren, dann kann ich bei
meiner (4) _____ wohnen. Am Nachmittag war ich mit drei Freundinnen in meinem
(5) _____. Wir haben (6) _____ gegessen und furchtbar viel gelacht.
Sie sind mit mir zum Shoppen in eine coole Boutique (7) _____. Ich sollte mir ein neues
(8) _____ kaufen. Schließlich habe ich aber lieber eine (9) _____ gewählt, sie
ist rosa und (10) _____ wirklich fantastisch aus! Das war mein (11) _____
von meinen Freundinnen. Es ist (12) _____, dass du nicht dabei warst! Wir haben so viel
(13) _____ gehabt. Wann können wir uns (14) _____?
Bitte, (15) _____ mich auf dem Handy an!
Viele Grüße von Sofie

B Übungen zu Lesen Teil 4

1 Die richtige Anzeige finden

Du liest die Homepage deiner Schule.
Du möchtest Eintrittskarten für das Fußballspiel am *20.03. in Hamburg* kaufen.

A Alle Sportveranstaltungen	B Der Ball ist rund
Hier findest du alle <u>Berichte</u> über die sportlichen Ereignisse im letzten Schuljahr: das Volleyballturnier, die Bundesjugendspiele, die Fußballspiele gegen andere Schulen, das Schulfest zum Jahresabschluss.	und das Spiel dauert 90 Minuten! Alles für den Fußballspieler: Trikots, Sweatshirts, Shorts, Trainingsanzüge, Spikes und Laufschuhe, Knieschützer und Kappen und … und … und. Außerdem: Poster der großen Stars!

C Mit dem Bus zum Fußballspiel!	D Nur für Schülerinnen und Schüler!
Am Wochenende findet das große Spiel von *Schalke 04* gegen *Werder Bremen* statt. Für alle Fans gibt es verbilligte Eintrittskarten und Bustickets. Abfahrt am Sa., 22. März, um 15:00 Uhr auf dem Schulhof. Mehr Infos hier	In der *Ticketbörse* bekommt ihr preisgünstige Restkarten für tolle Events: Rockkonzerte und Musicals, außerdem: Eintrittskarten für Tanzklubs und Sportveranstaltungen. 0171 3365777

a Welche Anzeige passt? Ordne zu.   Anzeige _____

b Warum passen die anderen Anzeigen nicht? Schreibe die Schlüsselwörter.
Anzeige _A_ : *Berichte, im* _____ .
Anzeige ____ : _____ .
Anzeige ____ : _____ .

2 Welche Sätze passen zusammen? Ordne zu.

Ein Satz passt nicht.

Du möchtest gern auf meinen Hund aufpassen. • Du kannst nur Samstag und Sonntag arbeiten. •
Du fühlst dich in einer Bibliothek wohl. • Du möchtest in einem Sommercamp arbeiten. •
Du bist gern mit vielen Leuten zusammen. • Du hast Erfahrung mit der Arbeit im Büro. • Du hast keine
Angst vor einem Interview mit Fremden. • Du hast gute Fremdsprachenkenntnisse.

a Du arbeitest gern mit Menschen.　　　　　　*Du bist gern mit vielen Leuten zusammen.*

b Du interessierst dich für Bücher.　　　　　_____ .

c Du kannst gut mit unbekannten Leuten sprechen.　_____ .

d Du liebst Tiere.　　　　　　　　　　　_____ .

e Du kannst Englisch und Französisch.　　　_____ .

f Du möchtest am Wochenende Geld verdienen.　_____ .

g Du suchst einen Job für die Sommerferien.　_____ .

3 Die richtige Anzeige finden. Welche Internetseite passt?

Du möchtest einen Ausflug mit dem Schiff machen.

a ☐

www.die-donau.net
→ geografische Karte
→ nautische Karte
→ Wasserverlauf
→ Wettervorhersage

b ☐

www.billigreisen.au
• *Günstige Reiseangebote für junge Leute*
• *Trekking in Südamerika – Strandurlaub in Mexiko*
• *Mit dem Raddampfer auf dem Nil*
• *Schiffsreisen in der Ostsee*
Buchen Sie jetzt!

c ☐

www.donauschiffe.de
Auf dem Wasser nach Wien und zurück:
Abfahrt: Samstag, 9:20 Uhr
Rückkehr um 19:30 Uhr
Restaurant und Sonnendeck
Buchen: Klicken Sie hier!

a Welche Anzeige passt? Ordne zu.   Anzeige _____

b Warum ist diese Anzeige richtig? Schreibe die Schlüsselwörter.
Schlüsselwörter: _____

4 Den richtigen Text finden. Welche Anzeige passt?

Du möchtest ein Sommerkleid kaufen.

a ☐

Kunst- und Antikmarkt im Preußenpark

Bilder und Zeichnungen, Bücher, Zeitschriften, Schallplatten und CDs. Um 14:00 Uhr findet eine Auktion statt: Die Buchhandlung *Schreyer & Co.* verkauft Modezeichnungen aus dem 18. und 19. Jahrhundert.

b ☐

Alice im Wunderland
Ein Paradies für kleine und große Mädchen!

Hier gibt es alles, was weibliche Teenager lieben: Das ist nicht nur einfache Kleidung für Damen wie im Kaufhaus, das sind Träume in Pink, Orange und Grün! Unbedingt anprobieren!

c ☐

Du möchtest deine Kleidung selbst machen?

*An der **Modeschule für Textil und Design** finden im Sommer Kurse für Schülerinnen und Schüler statt. Die Jugendlichen können lernen, wie man Kleider macht, wie man ein Modell herstellt und wie man mit der Nähmaschine umgeht.*

a Welche Anzeige passt? Ordne zu.   Anzeige _____

b Warum ist diese Anzeige richtig? Schreibe die Schlüsselwörter.
Schlüsselwörter: _____

C Training zu Lesen Teil 4

1 Was passt? Ordne zu.

Sechs Jugendliche suchen auf der Homepage ihrer Schule verschiedene Angebote.

Lies die Aufgaben 1 bis 5 und die Anzeigen a bis f.
Welche Anzeige passt zu welcher Person?
Die Anzeige zu dem Beispiel kannst du nicht mehr wählen.
Für eine Aufgabe gibt es keine Lösung. Markiere so ___X___ .

💡 *Tipp*

Beispiel:

0 Rita sucht ein Rezept für eine Obsttorte.   *c*

Markiere die wichtigen
Informationen in der Aufgabe!

1 Michael will zu seinem Geburtstag richtig feiern, er braucht Hilfe bei der Vorbereitung.   _____
2 Birgit möchte eine Freundin zum Frühstück ins Restaurant einladen.   _____
3 Stefan soll Getränke für das Klassenfest kaufen.   _____
4 Lillian will einen Kartoffelsalat machen.   _____
5 Nico will mit seinen Eltern wandern. Er sucht einen Gasthof für die Mittagspause.   _____

💡 *Tipp*

Markiere die Schlüsselwörter
im Text!

---

a ☐ Das Schüler-Bistro
Ganz neu, besonders interessant für Jugendliche: Bagels, Croissants, Müsli, Joghurt und Obstsäfte. Und natürlich alle Kaffeespezialitäten sowie exotische Teesorten. Unsere Preise sind genauso gut wie unser Essen!
www.schueler-bistro.de

---

b ☐ Sonderangebote beim Lieferservice
In dieser Woche besonders billig: Gemüse und Obst direkt vom Erzeuger, Nudeln und Reis in Großpackungen, Coca-Cola im Sechserpack, Orangensaft und Mineralwasser in 10-l-Kisten. www.bringmeister/expert.de

---

c ☐ Sommerfreuden am Scharmützelsee
Eine Badebucht für die Kinder, eine Caféterrasse für die Erwachsenen: Bei *Brendle's am See* fühlen sich alle wohl. Für Spaziergänger und Fahrradtouristen ein willkommener Ort der Ruhe. Unsere Speisekarte: hier

---

d ☐ Der Chefkoch
Heute findest du hier leichte Sommerrezepte: Gemüsesuppe, grüner Salat, ein bunter Nudelauflauf und das besondere Menü: gefüllte Tomaten, Rinderbraten mit Salzkartoffeln, Schokoladenpudding.
www.derchefkoch/expert.de

---

e ☒ Gutes für Freunde vorbereiten
Du möchtest deine Freundinnen und Freunde überraschen? Dann kannst du vielleicht mal etwas für sie backen! Süße Köstlichkeiten aus der Bäckerei. Und du kannst sie selbst machen. Infos hier

---

f ☐ Der Cateringservice für euch
Du möchtest deine Freunde einladen, aber du kannst nicht kochen? Du willst eine Party machen, aber du hast nicht die richtige Musik? Du möchtest, dass alle viel Spaß haben? Ruf uns an: 0172 628217

---

2 Was passt? Ordne zu.

Sechs Jugendliche suchen auf der Homepage ihrer Schule eine Aktivität fürs Wochenende.
Lies die Aufgaben 1 bis 5 und die Anzeigen a bis f.
Welche Anzeige passt zu welcher Person?
Die Anzeige zu dem Beispiel kannst du nicht mehr wählen.
Für eine Aufgabe gibt es keine Lösung. Markiere so __X__.

Beispiel:

0 Lisa möchte gern reiten.   __c__

1 Sarah tanzt gern, sie möchte das noch besser lernen.   _____
2 Felix will mit seiner Familie wandern.   _____
3 Marco will mit seinen Freunden eine Radtour machen.   _____
4 Cornelia möchte am liebsten am Strand liegen und schwimmen.   _____
5 Jan interessiert sich für Fußball. Er möchte ein gutes Spiel sehen.   _____

Tipp
Markiere die wichtigen Informationen in der Aufgabe!

Tipp
Markiere die Schlüsselwörter im Text!

---

a ☐ Wir suchen junge Fußballspieler
Nachwuchsspieler ab 12 Jahren können am Wochenende mit einem Berufsspieler trainieren.
Die besten jungen Fußballspieler können in den Jugendklub beim SC Stuttgart eintreten.
Anmeldungen: 0176 188944

b ☐ Ausflug am Sonntag
Das Jugendzentrum organisiert eine Busfahrt nach Warnemünde. Abfahrt: 7:00 Uhr am Bahnhof.
Aufenthalt an der Ostsee: fünf Stunden, gemeinsames Picknick am Strand und Beach-Volleyball.
Rückkehr um 19:00 Uhr. Tel: 030 549872

c ☑ Einladung auf Meyers Ponyhof
Wenn du Pferde gern hast und andere Kinder kennenlernen willst, komm am Sonntag auf den Meyer-Hof.
Da gibt es um 14:00 Uhr eine Probestunde mit Marcus. info@meyerhof.de

d ☐ Aktiv sein
Der *Traumtänzer-Klub* möchte eine Jugendgruppe aufbauen. Wenn du Freude an Bewegung hast, melde
dich bei uns! Wir zeigen dir, wie man sich zu guter Musik gut bewegt. Mehr Informationen hier.

e ☐ Das Weserbergland erleben
Für alle Leute, die gern zu Fuß unterwegs sind, bietet die Tourismus-Börse in Fulda ausführliche Informationen. Die schönsten Wege findest du unter www.fulda-wanderwege/expert.com

f ☐ Tagesausflug für Sportliche
50 km auf dem Radrundweg um den Rüttlinger See. Treffpunkt: 8:30 Uhr am Gasthof *Seeblick*. Mittagspause
nach 29 km am Kurpark in Gudendorf. Rückkehr: ca. 18:00 Uhr. Bitte anmelden bei Michael 0171 223247.
Regenkleidung nicht vergessen!

Wortliste*

„Schule/Lernen"
s Abitur
alt
ankreuzen
r Antwortbogen
e Aufgabe
aufpassen
r Aufsatz
r Ausflug
besuchen
e Bibliothek
r Bleistift
r/s Blog
buchstabieren
r Computer
r Drucker
einfach
Englisch
e Erfahrung
erklären
s Fach
falsch
r Farbstift
faul
r Fehler
e Ferien (Pl.)
fleißig
e Frage
geöffnet
geschlossen
e Grundschule
e Gruppe
s Gymnasium
e Hausaufgaben (Pl.)
s Internet
jung
kennenlernen
e Kenntnisse (Pl.)
e Klasse
kompliziert
r Kugelschreiber
r Kurs
kurz
lang
langsam
langweilig
laut

r Lehrer / e -in
leicht
leise
e Leistung
lernen
lösen
e Lösung
markieren
e Mathematik
e Meinung
e Mitteilung
e Note
notieren
e Oberschule
e Pause
r/s Prospekt
e Prüfung
rechnen
recht haben
richtig
schnell
r Schreibblock
r Schüler / e -in
schwer
schwierig
spannend
e Sprachenschule
r Stundenplan
r Test
r Tipp
üben
übersetzen
e Übung
e Universität
r Unterricht
verstehen
wählen
wiederholen
s Wörterbuch
zeigen
s Zeugnis

„Freizeit/Unterhaltung"
r Ausflug
r Ball
e Band
r Basketball

basteln
r Berg
besichtigen
besuchen
s Café
r Comic
s Computerspiel
e Diskothek
einladen
feiern
fernsehen
s Fest
r Flohmarkt
frei haben
e Freizeit
r Fußball
e Gitarre
e Gruppe
s Hobby
r Hund
s Instrument
s Internet
e Katze
s Kino
s Klavier
s Konzert
r Krimi
e Kultur
e Kunst
s Lied
s Meer
e Musik
e Oper
e Party
s Pferd
s Programm
reiten
r Rucksack
s Schwimmbad
schwimmen
r See
sich freuen
sich interessieren
sich treffen
singen
e Sporthalle
stattfinden

steigen
r Strand
tanzen
teilnehmen
Tennis spielen
s Theater
s Tier
s Training
verabredet sein
r Verein
r Vogel
vorschlagen
r Wald
wandern
r Weg
e Zeitschrift

„Körper/Gesundheit"

aktiv sein
e Angst
e Apotheke
r Arm
r Arzt / e Ärztin
s Auge
r Bauch
s Bein
s Bett
bleiben
s Blut
r Durst
erkältet sein
fehlen
s Fieber
fit sein
r Fuß
s Gesicht
gesund
e Grippe
s Haar
r Hals
e Hand
heiß
kalt
r Kopf
krank
s Krankenhaus
s Medikament
r Mund

e Nase
e Praxis
s Rezept
r Rücken
e Ruhe (Sg.)
schädlich
r Schmerz
sich fühlen
e Sprechstunde
stark
r Stress
e Tablette
r Termin
tot
unbedingt
r Unfall
ungesund
untersuchen
verboten sein
verletzt sein
vorsichtig sein
wehtun
r Zahn

„Essen/Trinken"

r Apfel
r Appetit
e Banane
backen
bestellen
braten
e Bratwurst
s Brot
s Brötchen
e Butter
e Cola
r Durst
s Ei
s Eis
s Fest
r Fisch
e Flasche
s Fleisch
s Frühstück
frühstücken
e Gabel
s Gemüse
s Getränk

s Glas
s Hähnchen
r Hamburger
r Hunger
r/s Joghurt
r Kaffee
e Kartoffel
r Käse
kochen
r Kuchen
r Kühlschrank
e Lebensmittel (Pl.)
s Lieblingsessen (Sg.)
r Löffel
e Marmelade
s Messer
e Milch (Sg.)
s Mineralwasser (Sg.)
s Mittagessen
s Müsli
e Nudel
s Obst (Sg.)
e Orange
e Pizza
e Pommes frites (Pl.)
probieren
r Reis (Sg.)
s Rezept
r Saft
r Salat
s Salz
sauer
scheußlich
schmecken
e Schokolade
e Soße
r Supermarkt
e Suppe
e Süßigkeiten (Pl.)
e Tasse
r Tee
e Tomate
e Torte
vorbereiten
e Wurst
s Würstchen
r Zucker (Sg.)

Modul Hören

Modul HÖREN

I Informationen zum Prüfungsteil Hören

Der Prüfungsteil **Hören** hat vier Teile und dauert ca. 30 Minuten.
Du hörst zwölf verschiedene Texte und löst dazu 20 Aufgaben.
Es gibt kürzere und längere Texte.

Teil	Texte	Aufgaben	Zeit	Ziel
1	Du hörst fünf kurze Texte aus verschiedenen Quellen, z. B. Ansagen im Radio oder Informationen vom Anrufbeantworter. Du hörst die Texte zweimal.	Du löst zu jedem Text eine Aufgabe. Wähle **a**, **b** oder **c**.	ca. 10 Min.	Du zeigst, dass du die wichtigen Einzelheiten in den Texten verstehst.
2	Du hörst ein längeres, informelles Gespräch, z. B. zwischen Freunden oder in der Familie. Du hörst den Text einmal.	Du ordnest zu. Welches Bild passt zum Text? Schreibe **a–i**.	ca. 5 Min.	Du zeigst, dass du die Hauptpunkte und Einzelheiten aus dem Gespräch verstehst.
3	Du hörst fünf Gespräche in Alltagssituationen, z. B. im Geschäft, am Telefon, beim Arzt. Du hörst die Texte einmal.	Du löst zu jedem Gespräch eine Aufgabe. Wähle **a**, **b** oder **c**.	ca. 5 Min.	Du zeigst, dass du Einzelheiten aus den Gesprächen verstehst.
4	Du hörst einen dialogischen Text aus den Medien, z. B. ein Interview im Radio. Du hörst den Text zweimal.	Du entscheidest, ob die fünf Aussagen **richtig** oder **falsch** sind.	ca. 10 Min.	Du zeigst, dass du die Hauptaussagen des Gesprächs verstehst.

II Hören Teil 1

A Übungen zum Wortschatz „Kommunikation/Medien"

Die Wortliste findest du auf S. 70.

1 Welche Medien benutzt du oft?

a Wähle 4 Medien. Kreuze an.

Medium	deine Wahl
das Buch	
_____ Computer	
_____ Fernsehen	
_____ E-Book	
_____ Internet	
_____ Handy	

Medium	deine Wahl
_____ Radio	
_____ Smartphone	
_____ DVD	
_____ MP3-Player	
_____ Zeitung	

b Ergänze dann alle Artikel.

2 Was machst du mit den Medien? Ergänze.

Mehrere Lösungen sind möglich.

Aktivität	Medium
mit Freunden chatten	*Internet*
lesen	
telefonieren	
Filme sehen	
Musik-DVDs sehen	
sich informieren	
Musik hören	

Modul Hören

Aktivität	Medium
E-Mails schreiben	
SMS schreiben	
Nachrichten hören	

3 Finde die richtige Antwort.

IchbenutzeoftmeinSmartphoneundInternetÜberall,zuHauseundunterwegsIchbenutzesiejedenTagmindes
tenszweiStundenWirchatten,schreibenSMSundE-Mailsundtelefonierenmanchmal

1 Welche Medien benutzt du oft? _____

_____.

2 Was macht ihr? _____

_____.

3 Wie lange pro Tag benutzt du sie? _____

_____.

4 Wo benutzt du sie? _____

_____.

4 Ordne zu.
Mehrere Lösungen sind möglich.

sich informieren • benutzen • lesen • schicken • surfen • spielen • anrufen • sehen • haben •
schreiben • hören • telefonieren • googeln • fernsehen • erzählen

Blog	*schreiben, lesen, haben*
Brief	_____
Fernsehen	_____
Internet	_____
Laptop	_____
Radio	_____
Telefon	_____
E-Book	_____
Zeitung	_____
Homepage	_____
Smartphone	_____

5 Ergänze die Sätze in der richtigen Form.

telefonieren • bestellen • erzählen • ~~antworten~~ • informieren • surfen • schreiben • spielen

1 _Antworte_ bitte bald auf meine E-Mail.
2 Darüber kann ich mich im Internet _____.
3 Der Journalist hat über den Unfall _____.
4 Bücher, Kleidung und Lebensmittel kann man auch im Internet _____.
5 Er _____ jeden Tag mit seiner Freundin.
6 Am liebsten _____ ich im Internet.
7 Am Computer _____ macht viel Spaß.
8 Du musst diese Geschichte deinen Eltern _____.

6 Wo kannst du das lesen oder hören? Ordne zu.

im Fernsehen • im Radio (2x) • auf dem Anrufbeantworter • in einer E-Mail • in einer SMS •
in einer Durchsage

1 _____
Guten Abend meine Damen und Herren. Unser Programm für heute Abend. Nach den Nachrichten
sehen Sie die Sendung *Musik aus dem Norden* direkt aus Hamburg. Danach …

2 _____
Kann leider nicht kommen, sehen uns morgen nach der Schule. Kuss B.

3 _____
Hallo Frank,
du hast sicher gehört, dass das Fußballspiel übermorgen nicht stattfindet. Der Platz ist zu nass und
es regnet noch immer. Deshalb treffen wir uns Freitag bei Anne. Hast du Lust zu kommen? Sag bitte
Bescheid und bring etwas zu essen mit.
Tschüs Marcus

4 _____
Und hier noch eine Durchsage der Autobahnpolizei. Auf der A9 ist kurz hinter Kassel ein Unfall passiert.
Die Autobahn muss noch geräumt werden und bleibt bis 22:00 Uhr geschlossen. Fahren Sie bitte …

5 _____
Hi Ines, kannst du bitte noch Getränke für die Party am Samstag kaufen? Ich habe leider keine Zeit, ich
muss noch zum Zahnarzt. Ruf mich bitte an, wenn du das hörst. Tschüs!

6 _____
Und nun folgt: Das Wetter morgen. Bei uns im Süden scheint morgen die Sonne. Die Temperaturen
liegen zwischen 22 Grad und 18 Grad in den Bergen. Super Wanderwetter.

7 _____
Achtung! Sabine Müller soll bitte sofort ins Lehrerzimmer kommen. Ich wiederhole: Sabine Müller soll
bitte sofort ins Lehrerzimmer kommen.

7 Was passt? Verbinde.

1	Ich gehe oft spät ins Bett,	a	weil da vieles billiger ist.
2	Er ruft seine Freundin jeden Tag an,	b	weil ich gern über mein Leben erzähle.
3	Viele Leute kaufen im Internet ein,	c	weil sie spannend sind.
4	Ich schreibe einen Blog,	d	weil er nächste Woche Geburtstag hat.
5	Wir sehen am liebsten Krimis,	e	weil ich mich für Fußball und Tennis interessiere.
6	Jonas kauft eine DVD für seinen Bruder,	f	weil ich mir abends gern alte Filme ansehe.
7	Meine Lieblingssendung ist die Sportschau,	g	weil sie sich nur am Wochenende sehen können.

B Übungen zu Hören Teil 1

1 Welche Aussage passt? Höre die Aussagen und ordne zu.

Lies zuerst die Sätze, höre dann den Text.

▶ Hören 1

a Heute scheint die Sonne.   Text ☐
b Ich muss noch kurz mit Karl telefonieren.   Text ☐
c Ich sehe gern spannende Filme im Fernsehen.   Text ☐
d Er hat keine Zeit.   Text ☐
e Wir wollen jetzt ein bisschen wandern.   Text ☐
f Sie ist oft im Internet.   Text ☐

2 Wo kannst du diese Texte hören? Kreuze an.

	Radio	Anruf-beantworter	Kaufhaus	U-Bahn
1 Heute bleibt es trocken und freundlich.				
2 Zahnarztpraxis Dr. Wenker, guten Morgen.				
3 Guten Tag, die Stadtbibliothek hat leider geschlossen. Montag bis Samstag, 10:00 bis 19:00 Uhr sind wir für Sie da.				
4 Im ersten Stock findet ihr die neue Bademode für diese Saison.				
5 Nächste Haltestelle Breisberger Hof. Umsteigen in die Linien 7 und 9.				
6 In unserer Computer-Abteilung gibt es heute alles zum halben Preis. Nur heute …				

3 Dialog am Anrufbeantworter

► Hören 2 **a Wann sagt sie das? Kreuze an.**

Lies zuerst die Aufgaben, höre dann den Text.

1 Petra möchte gern eine Radtour machen.
   a ☐ am Anfang
   b ☐ in der Mitte
   c ☐ am Ende

2 Jonas und sein Bruder wollen nicht mitkommen.
   a ☐ am Anfang
   b ☐ in der Mitte
   c ☐ am Ende

3 Petra macht Pläne für das Wochenende.
   a ☐ am Anfang
   b ☐ in der Mitte
   c ☐ am Ende

b Ist das *Richtig* oder *Falsch*? Kreuze an.

Lies zuerst die Aufgabe, höre dann noch einmal den Text.

1 Petra ruft Bernd an.	Richtig	Falsch
2 Sie will mit Jonas eine Radtour machen.	Richtig	Falsch
3 Jonas spielt lieber mit seinem Bruder Fußball.	Richtig	Falsch
4 Petra findet Fußball interessant.	Richtig	Falsch
5 Bernd soll mit Petra telefonieren.	Richtig	Falsch

4 „Falsche Fährten" erkennen

In jedem Text gibt es Informationen. Zu jeder Aufgabe gibt es eine Information, das ist die Lösung. Andere Informationen sind ähnlich, aber passen nicht. Das sind „falsche Fährten". Die muss man erkennen.
Lies zuerst die Aufgaben, höre dann den Text.

► Hören 3 **a Du hörst auf dem Anrufbeantworter eine Nachricht. Warum ist die Antwort richtig? Schreibe.**

Beispiel:
Daniela hat …
a ☒ ein grünes T-Shirt gekauft.
b ☐ einen Rock gekauft.
c ☐ ein blaues T-Shirt gekauft.

Warum ist b falsch?
Sie will sich die Röcke <u>morgen</u> ansehen.

Warum ist c falsch?
Das blaue war schöner, es war nur einfach <u>zu teuer</u>.

Warum ist a richtig? _____

▶ Hören 4   **b   Du hörst eine Durchsage in der Schule. Kreuze an und schreibe.**

Wohin sollen die Fahrräder?
- a ☐ Auf den Schulhof.
- b ☐ Auf den Parkplatz beim Rathaus.
- c ☐ Neben die Schule.

Warum ist _____ ☐ falsch?

_____

Warum ist _____ ☐ falsch?

_____

Warum ist _____ ☐ richtig?

_____

▶ Hören 5   **5   Welche Antwort passt? Wähle a, b oder c.**

Lies zuerst die Aufgaben, höre dann den Text.
Markiere in den Aufgaben die wichtigen Wörter.

1 Wie ist das Wetter am Morgen?
- a ☐ Es ist kühl.
- b ☐ Es ist kühl und es regnet.
- c ☐ Es ist sonnig.

2 Wie ist das Wetter am Mittag?
- a ☐ Es gibt viele Wolken.
- b ☐ Es ist kalt.
- c ☐ Es ist warm und sonnig.

3 Wie ist das Wetter am Wochenende?
- a ☐ Es ist sehr bewölkt.
- b ☐ Es regnet.
- c ☐ Es ist warm.

C Training zu Hören Teil 1

▶ Hören 6   **1   Du hörst fünf kurze Texte. Du hörst jeden Text zweimal.**
    Wähle für die Aufgaben 1 bis 5 die richtige Lösung a, b oder c.

Lies zuerst die Aufgaben, höre dann die Texte. Mach dir Notizen auf dem Aufgabenblatt,
kreuze erst später an.

🔍 *Tipp*

1 Klara hat keine Probleme mit ihren Eltern, weil sie …
- a ☐ mit ihnen über alles sprechen kann.
- b ☐ abends immer zu Hause bleibt.
- c ☐ gern Filme sieht.

In den Aufgaben werden andere
Wörter benutzt als in den Texten.
Es gibt nur eine richtige Lösung.

2 Jonas kann sich nicht um sein Haustier
kümmern, weil er ...
a ☐ krank ist.
b ☐ in die Ferien fahren will.
c ☐ ins Ausland gehen will.

3 Claudia kann nicht kommen, weil ...
a ☐ sie das Haus putzen muss.
b ☐ sie ihrem Vater helfen muss.
c ☐ das Auto kaputt ist.

4 Am Wochenende ist das Wetter ...
a ☐ kalt.
b ☐ warm.
c ☐ nass.

5 Die jungen Zuhörer sollen ...
a ☐ eine Konzertkarte kaufen.
b ☐ den Namen der Musikinstrumente sagen.
c ☐ ein Musikinstrument spielen.

▶ Hören 7 **2 Du hörst fünf kurze Texte. Du hörst jeden Text zweimal.**
Wähle für die Aufgaben 1 bis 5 die richtige Lösung a, b oder c.
Lies zuerst die Aufgaben, höre dann die Texte.

💡 *Tipp*

In den Aufgaben werden andere
Wörter benutzt als in den Texten.

1 Alexander ...
a ☐ findet moderne Kunst gut.
b ☐ interessiert sich nur für Fotos.
c ☐ geht in jede Ausstellung.

2 Das Wetter im Norden ist heute ...
a ☐ windig und nass.
b ☐ windig und warm.
c ☐ kühl und trocken.

3 Das Abendessen beginnt erst um 19:00 Uhr, weil ...
a ☐ der Rinderbraten sehr lange dauert.
b ☐ der Koch heute nicht arbeiten konnte.
c ☐ die Jugendlichen so lange im Rathaus waren.

4 Moritz und seine Oma ...
a ☐ fahren mit dem Zug.
b ☐ gehen zusammen nach Hause.
c ☐ nehmen am Bahnhof ein Verkehrsmittel.

5 Malte soll ...
a ☐ mit seinem Onkel Tennis spielen.
b ☐ an einem Tenniskurs teilnehmen.
c ☐ andere Jugendliche suchen.

III Hören Teil 2

A Übungen zum Wortschatz „Einkaufen/Tagesablauf"

Die Wortliste findest du auf S. 70.

1 Einkaufen. Wie heißen die Wörter?

a Schreibe die Wörter wie im Beispiel.

_____ Super _____	essen
das Bröt*chen*	sch
_____ Mittag _____	markt
_____ Kas _____	wasser
_____ Fla _____	rei
_____ Ein _____	~~chen~~
_____ Bäcke _____	gang
_____ Apo _____	müse
_____ Fi _____	sche
_____ Ge _____	osk
_____ Ki _____	theke
_____ Mineral _____	is
_____ Pre _____	se

b Ergänze dann die Artikel in a.

c Wie heißen die Wörter? Schreibe.

-kaufen • be • -men • aus • bil • teu • -lig • -chen • kos • -er • -ten • ~~ein~~ • neh • -packen • -zahlen • ko

1	*einkaufen*	5	_____
2	_____	6	_____
3	_____	7	_____
4	_____	8	_____

2 Ergänze das Gespräch mit Wörtern aus Übung 1 in der richtigen Form.

▲ Ilse Schwarz, Büro …

● Hallo Mutti, ich bin wieder da, ich habe schon alles (1) _____.

▲ Schön Tania, danke, hast du im (2) _____ gefunden, was wir für das (3) _____ brauchen? Ich muss dann gleich (4) _____, wenn ich zu Hause bin. Es ist schon spät.

● Ja ja, und ich habe auch schon alles (5) _____. Das ist okay. Aber ich konnte im Supermarkt mein Portemonnaie nicht mehr finden!

▲ Oje, und wie hast du (6) _____?

● Ich hatte noch 20 Euro in der Hosentasche.

▲ Hast du es vielleicht unterwegs verloren oder irgendwo liegen lassen?

Modul Hören

● Das glaube ich nicht. Also, ich habe in der Bäckerei die (7) _____ gekauft.
Dann war ich im (8) _____ und habe ein Pfund Kaffee gekauft. Der Kaffee
war sehr (9) _____, er war im Angebot. Dann habe ich noch sechs
(10) _____ Mineralwasser und ein Kilo Tomaten gekauft. Aber an der
(11) _____ konnte ich dann mein Portemonnaie nicht mehr finden!
▲ Schau doch noch mal in die (12) _____, vielleicht ist es doch in der Tasche.
● Nein, da ist es nicht. Aber hier, neben dem Telefon. Ich habe es gar nicht mitgenommen.

3 Was gehört zum Tagesablauf? Kreuze an.

Beispiel:

a	Ich stehe morgens früh auf.	⊠	Nein
b	Ich sehe den Krimi sehr gern.	Ja	N⊠in
c	Ich wasche mich und ziehe mich an.	Ja	Nein
d	Unser neues Schwimmbad ist sehr groß.	Ja	Nein
e	Ich gehe nie früh ins Bett.	Ja	Nein
f	Morgens gehe ich in die Schule.	Ja	Nein
g	Jeden Tag muss ich zu Hause helfen.	Ja	Nein
h	Das Café ist nachmittags geöffnet.	Ja	Nein
i	Um 17:00 Uhr treffe ich meine Freunde.	Ja	Nein
j	Abends sehe ich zwei Stunden fern.	Ja	Nein
k	Dieses Buch gefällt mir.	Ja	Nein

4 Finde die richtige Antwort.

Er trifft sie im Stadtzentrum. • Ja, er muss die Küche aufräumen. • ~~Er steht jeden Morgen um 7:00 Uhr auf.~~ • Manchmal geht er mit seiner Freundin ins Kino. • Er ist 5 bis 7 Stunden dort. • Zuerst wäscht er sich und dann zieht er sich an. • Um 19:00 Uhr. • Er spielt Computerspiele und schwimmt sehr gern.

a Um wie viel Uhr steht Marcus auf?
   Er steht jeden Morgen um 7:00 Uhr auf.

b Was macht er vor dem Frühstück?
   _____

c Wie lange bleibt er in der Schule?
   _____

d Wo trifft er seine Freunde?
   _____

e Muss er zu Hause helfen?
   _____

f Wann gibt es Abendessen?
   _____

g Mit wem geht er abends aus?
   _____

h Was ist sein Hobby?
   _____

5 Kreuze an. *Richtig* oder *Falsch?*

Sonderangebote im Kaufhaus ABC

Bei uns macht Sparen Spaß!

Kleidung und Schuhe sind jetzt besonders preiswert.

Stretch-Jeans, Leggings, T-Shirts, alles 98% Baumwolle, im Sonderangebot 12,99 Euro.

Unser Hit zum Frühjahr: Sportschuhe für Jugendliche, bequem und in allen Farben 9,99 Euro.

Günstige Preise sind uns wichtig.

Wir bieten nur beste Bio-Qualität an.

Besucht uns mit euren Freunden.

Wir sind Montag bis Samstag von 10:00 Uhr bis 20:00 Uhr für euch da.

		Richtig	Falsch
a	Das Kaufhaus ABC verkauft keine schwarzen Schuhe.	Richtig	Falsch
b	Hier gibt es nur Kleidung für Kinder und junge Leute.	Richtig	Falsch
c	Am Sonntag ist das Kaufhaus geschlossen.	Richtig	Falsch
d	Im Moment sind Schuhe und Kleidung sehr günstig.	Richtig	Falsch
e	Das Kaufhaus ABC verkauft nur gutes Material.	Richtig	Falsch
f	Das Kaufhaus ist täglich 8 Stunden geöffnet.	Richtig	Falsch

6 Mein Tagesablauf. Bringe die Sätze in die richtige Reihenfolge.

a In der großen Pause treffe ich meinen besten Freund. ☐

b Ich muss schon um 7:45 Uhr in der Schule sein. ☑

c Nachmittags fahre ich Rad oder spiele Tennis. ☐

d Nach dem Abendessen sehe ich manchmal fern. ☐

e Mittags esse ich allein zu Hause. ☐

7 Wie heißen diese Verben in deiner Sprache?

aufstehen _____

sich anziehen _____

sich waschen _____

fernsehen _____

einkaufen _____

bezahlen _____

aufräumen _____

anrufen _____

spazieren gehen _____

Hausaufgaben machen _____

ins Bett gehen _____

das Zimmer aufräumen _____

B Übungen zu Hören Teil 2

► Hören 8 **1 Was für ein Text ist das? Lies zuerst und kreuze an. Höre dann zur Kontrolle.**

1 ● Hallo, wie geht es dir? Wir haben uns lange nicht gesehen.
   ▲ Danke, nicht so gut. Ich muss jeden Tag so viele Aufgaben machen.

   Gespräch ☐   Radioansage ☐   Nachricht auf dem Anrufbeantworter ☐

2 ● Hast du Lust, mit mir ins Kino zu gehen?
   ▲ Sehr gern, aber ich muss leider heute zum Handballtraining.

   Gespräch ☐   Radioansage ☐   Nachricht auf dem Anrufbeantworter ☐

3 ● Um 17:00 Uhr findet heute die Eröffnung des neuen Jugendtreffs in der Schillerstraße statt.
   Dazu sind alle Jugendlichen von 14 bis 18 Jahren eingeladen.

   Gespräch ☐   Radioansage ☐   Nachricht auf dem Anrufbeantworter ☐

4 ▲ Hier ist Mama, geh bitte noch heute zu Frau Brenner und hol meine neue Jeans ab.
   Die Hose ist sicher fertig, sie hat sie nur enger gemacht.

   Gespräch ☐   Radioansage ☐   Nachricht auf dem Anrufbeantworter ☐

► Hören 9 **2 Welche Antwort passt? Ordne zu.**
Schreibe erst die Sätze, höre dann den Text zur Kontrolle.

Wollen wir in die Stadt fahren? ● Das ist keine gute Idee, wir haben gestern schon gespielt. ● Oh ja, ich liebe moderne Kunst. ● Wollen wir heute Tennis spielen? ● Ich bin dagegen, da ist es so traurig, die armen Tiere. ● Wir können morgen nach Bremen fahren, was meinst du? ● Ich bin dafür, ich mache gern Sport. ● Wunderbar, ich möchte einkaufen. ● Ach nein, die Fahrt dauert zwei Stunden. ● Ich habe schon Lust, aber das Museum ist zu teuer. ● Lass uns doch in den Zoo gehen! ● Ich möchte die Picasso-Ausstellung sehen, kommst du mit? ● Immer nur Geschäfte, das ist langweilig! ● Prima, das ist eine schöne, alte Stadt. ● Gern, aber dann gehen wir auch zu den Fischen, okay?

	etwas vorschlagen	einverstanden sein	nicht einverstanden sein
1	Wollen wir in die Stadt fahren?	Wunderbar, ich möchte einkaufen.	Immer nur Geschäfte, das ist langweilig!
2			
3			
4			
5			

3 In welchen Sätzen ist Max nicht einverstanden? Kreuze an.

Markiere: Mit welchen Wörtern lehnt er ab?

▲ Max, möchtest du im Sommer mit uns in die Berge fahren?

a Das würde mich interessieren, <u>aber ich muss</u> mit meinen Eltern <u>ans Meer</u>.

b Ja gut, das wollte ich schon immer mal machen.

c Ja okay, das passt aber in diesem Sommer nicht.

d Ich fahre lieber mit meiner Freundin nach Italien.

e Das ist schön, vielen Dank für die Einladung.

f Das können wir doch auch im Herbst machen.

nein
nein
nein
nein
nein
nein

▶ Hören 10 **4 Höre die Sätze und wähle: Welcher Satz passt zu diesem Bild?**

a ☐   b ☐   c ☐

d ☐   e ☐   f ☐

C Training zu Hören Teil 2

▶ Hören 11 **1 Du hörst ein Gespräch. Du hörst den Text nur einmal. Wähle für die Aufgaben ein passendes Bild aus a bis i aus. Wähle jeden Buchstaben nur einmal. Sieh dir jetzt die Bilder an.**

a 0   b ☐   c ☐

d ☐   e ☐   f ☐

Was haben Peter, Sara und ihre Geschwister im Sommer gemacht?

Beispiel: 0	1	2	3	4	5
Peter	Klaus	Karina	Stefan	Maria	Bettina
a					

💡 *Tipp*

Mach dir beim Hören Notizen
auf dem Aufgabenblatt.
Die Aufgaben sind chronologisch,
d. h. die Antwort zu 1 muss ziemlich
am Anfang kommen.
Für drei Bilder gibt es keine Lösung.

► Hören 12 **2 Du hörst ein Gespräch. Du hörst den Text nur einmal. Wähle für die Aufgaben ein passendes Bild aus a bis i aus. Wähle jeden Buchstaben nur einmal. Sieh dir jetzt die Bilder an.**

💡 *Tipp*

Mach dir beim Hören Notizen
auf dem Aufgabenblatt.
Die Aufgaben sind chronologisch,
d. h. die Antwort zu 1 muss ziemlich
am Anfang kommen.
Für drei Bilder gibt es keine Lösung.

Was machen der Großvater und seine Familie an diesem Tag?

Beispiel: 0	1	2	3	4	5
Großvater	Dirk	Anna	Onkel Paul	Ingo	Dirks Mutter
b					

IV Hören Teil 3

A Übungen zum Wortschatz „Reisen/Verkehr"

Die Wortliste findest du auf S. 70.

1 Rätsel

a Wie heißen die Wörter?

1 V

2 Wir fliegen mit dem ... nach Amerika.

3 Ich fahre mit dem ... zur Schule.

4 K

5 E

6 Die ... ist in der Stadt schnell und bequem.

7 R

8 Dieser ... fährt nach Duderstadt.

9 Mit dem ... fahren ist schnell und sportlich.

10 Eine Reise mit dem ... geht übers Meer.

11 In Amerika hat fast jede Familie ein ...

12 Die ... fährt in der Stadt auf Schienen.

13 Damit fährt die Polizei.

14 L

b **Wie heißt das Lösungswort? Schreibe.**

_____

2 Ergänze die Sätze.

Mehrere Lösungen sind möglich.

wenn es regnet • wenn ich einkaufen muss • wenn das Wetter gut ist • weil man auch Bewegung braucht • wenn ich ins Grüne fahre • wenn ich im Ausland Urlaub mache

1 Ich nehme das Motorrad, _____.

2 Ich fahre mit dem Bus, _____.

3 Ich fahre mit dem Fahrrad zur Arbeit, _____.

4 Ich nehme das Flugzeug, _____.

5 Ich nehme das Auto, _____.

6 Ich gehe gern zu Fuß, _____.

3 Wie ist die Antwort? Finde die richtige Antwort und schreibe.

Wochen – zwei • nettes – aus Kiel – Mädchen – ein • Juli – Ende • Südküste – der – von – Spanien – an • ich– ans – gefahren – bin – Meer • hat – sehr gut – mir – es – gefallen • Schwester – meiner – Sina – mit

1 Was hast du im Sommer gemacht?   *Ich bin ans Meer gefahren* _____.

2 Mit wem bist du gefahren?   _____.

3 Wann seid ihr losgefahren?   _____.

4 Wo wart ihr im Urlaub?   _____.

5 Wie hat es dir dort gefallen?   _____.

6 Wen hast du kennengelernt?   _____.

7 Wie lange seid ihr geblieben?   _____.

Modul Hören

4 Wohin möchtest du fahren? Wo warst du?

Schreibe Sätze wie im Beispiel.

ans Meer • in den Bergen • an den Strand • in die Türkei • auf eine Insel • am Meer • aufs Land • ~~ins Gebirge~~ • auf dem Land • ~~auf der Insel Rügen~~ • nach Italien • am Strand • in der Türkei

Wohin?	Wo?
Ich möchte im Sommer ins Gebirge fahren.	*Ich war auf der Insel Rügen.*

5 Wortsalat

a Schreibe die Wörter richtig.

Hallo Timo,

wir sind wieder zu (1) _____ (esuaH). In den letzten zwei Wochen war ich mit meinem Bruder (2) _____ (sgunweter). Wir hatten uns sehr auf die (3) _____ (sieRe) gefreut. Eigentlich wollten wir eine (4) _____ (rtuRado) machen, sind dann aber mit dem Bus an die Nordsee (5) _____ (frenhaeg). Die Fahrt auf der (6) _____ (batoAhnu) war langweilig, denn es gab viel (7) _____ (rkhreeV). Das Wetter war jedoch sehr gut. Wir hatten kein (8) _____ (mmPgrroa) und auch kein Hotel und keine (9) _____ (niosPen) gebucht. So haben wir am Ende in einer Jugendherberge (10) _____ (laschgfeen). Zum Glück hatten wir nicht viel (11) _____ (päeGck), nur einen Rucksack und eine (12) _____ (hscTae). Es war dort alles sehr lustig. Die Zimmer waren groß und sauber. Tagsüber waren wir am (13) _____ (trdnaS) und abends haben wir in vielen Klubs (14) _____ (tztaneg). Jedenfalls mussten wir keine Museen (15) _____ (stichbeineg). Hoffentlich sehen wir uns bald. Dann erzähle ich dir mehr von den (16) _____ (nieFer). Wann kommst du zurück?

Tschüs Karsten

b Finde die Antworten im Text.

1 Wohin ist Karsten gefahren?

_____

2 Mit wem ist er gefahren?

_____

3 Wie lange waren sie unterwegs?

_____

4 Mit welchem Verkehrsmittel sind sie gefahren?

_____

5 Wo haben sie übernachtet?

_____

6 Was haben sie abends gemacht?

_____

6 Ergänze die Angaben und ordne die Bilder zu.
Achte auf die Großschreibung am Satzanfang.

zu Ostern • letzten Sommer • nächste Woche • im Winter •
in den Ferien • am Wochenende

1  war ich mit meiner Familie
am Bodensee.

2  muss ich arbeiten, ich will
mehr Geld verdienen.

3  besuchen wir unsere
Großeltern, wie jedes Jahr.

4  sind wir auf dem Land
und reiten.

5  fahren wir jeden
Samstag Ski.

6  haben wir viel zu tun.

B Übungen zu Hören Teil 3

1 Positive und negative Aussagen

a Ordne zu.

Leider kann ich heute nicht kommen. • Es ist in Ordnung. • Das mache ich gern. • Es ist nicht möglich. • Auf jeden Fall kommen wir heute. • Das nehme ich bestimmt nicht. • ~~Ja gut, ich nehme das.~~ • ~~Er hat nichts gekauft.~~ • Ich bin einverstanden. • Das ist klar. • Sie wird sicher nicht um 11:00 Uhr hier sein. • Ich habe heute Nacht keine Minute geschlafen. • Das ist sicher. • Ich habe es nicht gefunden. • Wir holen es ganz sicher. • Das geht auf keinen Fall. • Er hat kein Auto. • Das ist o.k. • Das ist unwahrscheinlich.

Positive Aussagen	Negative Aussagen
Ja gut, ich nehme das.	Er hat <u>nichts</u> gekauft.

b Welche Wörter zeigen, dass die Aussagen negativ sind? Markiere.

2 Wie kann man es anders sagen? Ordne zu.

Ich habe keine Zeit. • Sei bitte früh wieder da. • Ich möchte mit dir morgen über das Treffen sprechen. • Mit wem bist du heute Abend zusammen? • Ich muss nachmittags immer sehr lange für die Schule lernen. • Was macht ihr am Abend? • In der Bahn sind immer viele Menschen.

1 Mit wem gehst du heute Abend aus?

_____

2 Komm nicht so spät nach Hause.

_____

3 Ich rufe dich morgen wegen des Termins an.

_____

4 Der Zug ist immer sehr voll.

_____

5 Ich habe immer viele Hausaufgaben.

_____

6 Was habt ihr heute Abend vor?

_____

7 Ich muss mich sehr beeilen.

_____

3 Kurze Dialoge

a Markiere: Wie heißt das Schlüsselwort in den Fragen? Wie heißt es in den Antworten?

1 ● Was ist dein <u>Lieblingsfach</u>, Paul? Ist es Geschichte?
   ▲ Also, Geschichte ist sehr interessant, aber am liebsten mache ich <u>Sport</u>.

2 ● Entschuldigung, wo ist die Arztpraxis?
   ▲ Moment, also im ersten Stock ist das Architekturbüro, im Erdgeschoss das Café, die ist im zweiten Stock.

3 ● Was hast du denn gegessen, Pia?
   ▲ Eva und Peer haben Hähnchen gegessen, ich habe einen Hamburger genommen.

4 ● Welche Größe hast du, Katja?
   ▲ Wir sind alle ziemlich klein in meiner Familie. Ich habe S und meine Brüder M.

5 ● Hallo Wolf, hier ist Max, hast du mein Fahrrad schon repariert?
   ▲ Gestern musste ich noch neue Reifen besorgen, heute Morgen habe ich mich dann um dein Rad gekümmert. Es ist fertig.

6 ● Guten Tag Jens, hier ist Zahnarzt Dr. Maier. Wir müssen deinen Termin verschieben. Passt es dir übermorgen? Morgen geht es leider nicht und heute ist ja Dienstag, da ist die Praxis geschlossen.
   ▲ Ist in Ordnung, bis Donnerstag.

▶ Hören 13 **b Höre jetzt die Texte und kreuze an: Ist das _Richtig_ oder _Falsch_?**

		Richtig	Falsch
1	Paul macht am liebsten Sport.	☒	☐
2	Die Arztpraxis ist im Erdgeschoss.	☐	☐
3	Pia hat einen Hamburger gegessen.	☐	☐
4	Katja trägt Größe S.	☐	☐
5	Das Fahrrad von Max ist noch nicht repariert.	☐	☐
6	Jens kann erst morgen zum Zahnarzt gehen.	☐	☐

Modul Hören

c „Falsche Fährten" erkennen. Lies noch einmal die Dialoge 1 bis 6 aus a.
Welche Antwort ist richtig? Schreibe.

In jedem Dialog gibt es Informationen. Zu jeder Aufgabe gibt es eine Information, das ist die Lösung. An-
dere Informationen sind ähnlich, aber passen nicht. Das sind „falsche Fährten". Die muss man erkennen.
Lies zuerst die Aufgaben. Markiere die Schlüsselwörter.

Frage	Richtige Information	Falsche Fährte
1 Was ist dein Lieblingsfach?	*Am liebsten mache ich Sport.*	Geschichte ist sehr interessant.
2 Wo ist die Arztpraxis?		Im ersten Stock ist das Architektur-büro und im Erdgeschoss das Café.
3 Was hast du gegessen?		Eva und Peer haben Hähnchen gegessen.
4 Welche Größe hast du?		Wir sind alle klein in meiner Familie. Meine Brüder haben M.
5 Hast du mein Fahrrad schon repariert?		Gestern musste ich noch neue Reifen besorgen (kaufen).
6 Passt es dir übermorgen?		Morgen geht es leider nicht. Diens-tags ist die Praxis geschlossen.

▶ Hören 14 **4 Welcher Satz passt zum Bild? Höre die Sätze und ordne zu.**

Sieh dir zuerst die Bilder an. Höre dann den Text. Für ein Bild gibt es keine Lösung.

a ☐ b ☐ c ☐ d ☐

e ☐ f ☐ g ☐ h ☐

i ☐ j ☐

C Training zu Hören Teil 3

▶ Hören 15 **1 Du hörst fünf kurze Gespräche. Du hörst jeden Text einmal.
Wähle für die Aufgaben 1 bis 5 das passende Bild a, b
oder c aus und kreuze an.**

Tipp

Lies zuerst die Aufgaben,
sieh dann die Bilder an und
höre die Dialoge.

1 Was macht Nicole am Nachmittag?

a   b   c

2 Für welchen Bikini interessiert sich das Mädchen?

a   b   c

3 Was tut Max weh?

a   b   c

4 Was findet man im Nachbarhaus?

a   b   c

Modul Hören

5 Wie hat der Junge das Fotografieren gelernt?

a   b   c

▶ Hören 16 **2 Du hörst fünf kurze Gespräche. Du hörst jeden Text einmal. Wähle für die Aufgaben 1 bis 5 die richtige Lösung a, b oder c.**

💡 *Tipp*

Lies zuerst die Aufgaben, sieh dann die Bilder an und höre die Dialoge.

1 Was hat der Junge auf der Party gegessen?

a   b   c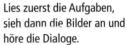

2 Welches Kleid möchte das Mädchen?

a   b    c

3 Wo findet das Konzert statt?

a   b   c

4 Wo macht Claudia ihre Ausbildung?

a   b   c

5 Was möchte Herr Bauer verkaufen?

a ☐    b ☐    c ☐

V Hören Teil 4

A Übungen zum Wortschatz „Familie/Freunde".

Die Wortliste findest du auf S. 71.

1 Wie heißen die Frauen? Ergänze.

1 der Vater   *die M* _____
2 der Großvater / der Opa   _____
3 der Onkel   _____
4 der Sohn   _____
5 der Bruder   _____
6 der Cousin   _____
7 der Enkel   _____

2 Was ist richtig? Kreuze an.

1 Der Sohn meines Onkels ist
   a ☐ meine Cousine.
   b ☐ mein Cousin.
   c ☐ mein Enkel.

2 Die Mutter meines Vaters ist
   a ☐ meine Tante.
   b ☐ meine Cousine.
   c ☐ meine Oma.

3 Die Tochter meiner Tante ist
   a ☐ meine Cousine.
   b ☐ meine Schwester.
   c ☐ meine Enkelin.

4 Der Sohn meiner Eltern ist
   a ☐ mein Cousin.
   b ☐ mein Bruder.
   c ☐ mein Onkel.

5 Ich bin die Enkelin / der Enkel
   a ☐ meines Opas.
   b ☐ meines Onkels.
   c ☐ meiner Eltern.

Modul Hören

3 Das ist meine Familie. Ergänze.

Eltern • Familienfeste • Familie • Schwester •
Cousins • Mann • Großeltern • Cousinen

Hier, siehst du? Das sind meine (1) _Eltern_ . Sie sind noch nicht alt und ziemlich sportlich. Ich stehe
vor ihnen, da war ich 14 Jahre alt. Neben mir steht meine große (2) _____ Frieda mit
ihrem (3) _____ . Sie sind schon seit zwei Jahren verheiratet, ihr Mann heißt Lukas
und ist Arzt. Frieda ist sehr nett. Sie hilft mir immer, wenn ich Probleme habe. Meine (4) _____
_____ , das heißt die Eltern meiner Mutter, stehen hinten links. Sie sind 70 Jahre alt und besuchen
uns oft.
Sie haben mir gerade ein neues Fahrrad geschenkt. Meine (5) _____ und
(6) _____ sind leider nicht auf dem Foto. Die sehe ich aber oft. Wir feiern alle
(7) _____ zusammen. Jeden Geburtstag, jede Hochzeit und Verlobung verbringen
wir mit der ganzen (8) _____ .

4 Zu Hause. Ergänze das Gespräch.

Doch, doch. Keine Angst, in der Schule ist alles in Ordnung. • Klar, aber erst um 18:00 Uhr. Wir gehen
dann zusammen hin. • … ich gehe jetzt zu Marco, wir wollen uns eine DVD ansehen. • Nach dem Training, ich muss für morgen nicht viel lernen.

▲ Mama, (1) _____
● Ja aber Patrick, was ist denn mit Basketball? Du musst doch zum Training.
▲ (2) _____
● Ja und deine Hausaufgaben? Wann machst du die?
▲ (3) _____
● Also für die Schule hast du wohl nie Zeit.
▲ (4) _____

5 Lies den Text und ergänze.

alt • gemeinsame • kennengelernt • neue • glücklich • ruhiger • sehr gut • tolle • zusammen •
verschieden • sympathisch

Liebes Tagebuch,
jetzt habe ich eine (1) _____ Freundin. Sie ist sehr (2) _____ . Wir haben uns
vor zwei Wochen auf dem Sportplatz beim Laufen (3) _____ . Wir verstehen uns (4)
_____ , aber wir sind auch sehr (5) _____ . Sie hat viel Temperament, sie ist sehr
aktiv, und ich bin doch ein ziemlich (6) _____ Typ. Wir haben viele (7) _____
Interessen und oft gefallen uns dieselben Dinge.
Wir sprechen über unsere Gefühle und Probleme. Oft hat sie (8) _____ Tipps für mich.
Gestern haben wir (9) _____ Tennis gespielt und dort Marcus und Anja getroffen. Sie sind so
(10) _____ wie wir. Heute Abend gehen wir vier ins Kino und dann Pizza essen. Ich bin heute
sehr (11) _____ !
Bis morgen.

6 Finde das Gegenteil. Ordne zu.

alleine • alt (2x) • dumm • getrennt • langweilig • aktiv • unfreundlich • unsympathisch • verschieden

neu	_____	jung	_____
gleich	_____	intelligent	_____
ruhig	_____	interessant	_____
sympathisch	_____	zusammen	_____
freundlich	_____	zusammen	_____

7 Auf der Klassenfahrt

▶ Hören 17 **a** **Höre den Text und ordne die Bilder zu.**

a   b   c   d

	Bild		Bild
Frieda	_____	Sebastian	_____
Herr Wilmers	_____	Annika	_____

b **Höre das Gespräch noch einmal und beantworte die Fragen.**

1 Was haben die Jugendlichen gemacht?   _____
2 Wer hatte früher eine Brille?   _____
3 Wie ist Herr Wilmers?   _____
4 Was für ein Typ ist Sebastian?   _____
5 Wann hat sie das Foto von Frieda gemacht?   _____

B Übungen zu Hören Teil 4

1 Was hörst du? Schreibe die Hauptinformationen.

▶ Hören 18 **a**

1 Wie heißt sie?	_____	5 Seit wann arbeitet sie dort?	_____
2 Wie alt ist sie?	_____	6 Wie viel verdient sie?	_____
3 Wo wohnt sie?	_____	7 Was macht sie mit dem Geld?	_____
4 Wo arbeitet sie?	_____		_____

▶ Hören 19 **b**

1 Wie heißt er?	_____	5 Mit wem macht er das?	_____
2 Wie alt ist er?	_____	6 Wo macht er das?	_____
3 Wo lebt er?	_____	7 Was will er nach dem Abitur machen?	_____
4 Was macht er am liebsten?	_____		_____

► Hören 20 **2 Wo findest du das? Höre und ergänze die Tabelle.**

Was?	Abteilung	Etage / Stock
	Sportabteilung	
Smartphones		
	Kleidung für Jugendliche	
		Untergeschoss

3 Party bei Christoph

► Hören 21 **a Wer macht was? Ordne zu.**
Lies zuerst die Aufgabe und höre dann den Text.

Tipp

Die Lösungen sind in chronologischer Reihenfolge, d.h. die Lösung für Christoph hörst du zuerst.

Christoph	Marta	Marlene	Julia	Jan	Jonas

a hat die Getränke.   c bringt Pizza mit.   e bringt Eis mit.
b kauft Würstchen.   d macht Schnitzel.   f macht Salate.

b Sind die Aussagen *Richtig* oder *Falsch*? Kreuze an.

1 Am Sonntag gehen die Freunde zu Christoph.   Richtig   Falsch
2 Jeder Freund bringt etwas mit.   Richtig   Falsch
3 Alle essen Martas Salate sehr gern.   Richtig   Falsch
4 Julia und Jan kümmern sich um das Fleisch.   Richtig   Falsch
5 Jonas kauft eine Linzer Torte für die Party.   Richtig   Falsch

4 Haben die beiden Aussagen 1 und 2 die gleiche Bedeutung? Kreuze an.

	Aussagen		Ja	Nein
a	1 Ich hatte am Anfang Probleme.	2 Es hat mir sofort gefallen.		
b	1 Ich studiere jetzt Sport.	2 Aber später möchte ich studieren.		
c	1 Mein Bruder war mein bester Tennislehrer.	2 Mein Bruder hat mir gezeigt, wie man spielt.		
d	1 Ich übe jeden Tag, außer mittwochs.	2 Ich übe fast jeden Tag.		
e	1 Er kommt aus Berlin.	2 Er lebt jetzt in Berlin.		
f	1 Die Wochenenden verbringe ich mit meinen Freunden.	2 Ich treffe meine Freunde immer samstags und sonntags.		

g	1 Ich bitte meinen Bruder, langsam zu fahren.	2 Ich sage ihm, er soll nicht so schnell fahren.		
h	1 Jens hat nicht viel Freizeit.	2 Jens muss sehr viel arbeiten.		
I	1 Sie hat schon Pläne für das nächste Jahr.	2 Sie muss für das nächste Jahr noch etwas planen.		

C Training zu Hören Teil 4

▶ Hören 22 **1 Du hörst ein Interview. Du hörst den Text zweimal. Wähle für die Aufgaben 1 bis 5 *Ja* oder *Nein*.**
Lies zuerst die Aufgaben und höre dann das Gespräch. Was ist richtig? Kreuze an.

Beispiel:

0 Ines arbeitet bei einer Familie in Deutschland. ☒ Nein

1 Ines kümmert sich immer abends um die Kinder. Ja Nein
2 Ines hat bei der Familie ein eigenes Zimmer. Ja Nein
3 Ines hat Deutsch als zweite Fremdsprache gelernt. Ja Nein
4 Ines will ein Jahr in Deutschland verbringen. Ja Nein
5 Ines möchte an einer Universität in England studieren. Ja Nein

Tipp

In der Aufgabe werden andere Wörter als in dem Gespräch benutzt.

▶ Hören 23 **2 Du hörst ein Interview. Du hörst den Text zweimal. Wähle für die Aufgaben 1 bis 5 *Ja* oder *Nein*.**
Lies zuerst die Aufgaben und höre dann das Gespräch. Was ist richtig? Kreuze an.

Beispiel:

0 Alexander gehört zu der deutschen Skimannschaft. ☒ Nein

1 Er hat schon als Kind Skifahren gelernt. Ja Nein
2 Er hat immer im Süden von Deutschland gewohnt. Ja Nein
3 Die Woche in der Schweiz hat Alexander gefallen. Ja Nein
4 Alexander trainiert am liebsten allein. Ja Nein
5 Alexander ist im nächsten Jahr mit der Schule fertig. Ja Nein

Tipp

In der Aufgabe werden andere Wörter als in dem Gespräch benutzt.

Wortliste

Modul Hören

„Kommunikation/Medien"

e Adresse
anrufen
e Ansage
r Anschluss
antworten
e Auskunft
bedeuten
besetzt
bestellen
r Blog
r Brief
chatten
r Computer
s Datum
drücken
drucken
r Drucker
e Durchsage
e DVD
r Empfänger
englisch
erzählen
fernsehen
s Fernsehen
r Fernseher
s Foto
s Handy
e Homepage
informieren (sich)
interessant
s Interesse
sich interessieren
r Journalist, e -in
r Laptop
e Nachricht
nützlich
s Programm
e Presse
s Radio
schicken
schreiben
e Sendung
r Service
s Smartphone
spielen

surfen
s Telefon
telefonieren
viel, mehr, am meisten
Wiederhören
e Zeitung

„Einkaufen/Tagesablauf"

r Abend
abends
s Angebot
anziehen
arbeiten
aufräumen
aufstehen
e Bäckerei
billig
s Computerspiel
duschen
r Eingang
einkaufen
essen
e Flasche
frei haben
frisch
s Frühstück
frühstücken
gehen
s Geschäft
s Glas
haben
e Kasse
kaufen
r Kiosk
kosten
e Lebensmittel (Pl)
s Mittagessen
mittags
r Morgen
morgens
r Nachmittag
nachmittags
e Nacht
nachts
nehmen
s Pfund

s Portemonnaie
r Preis
putzen
schlafen
r Sport
r Spaziergang
spazieren gehen
sprechen
r Tag
r Tagesablauf
täglich
telefonieren
teuer
s Wochenende

„Reisen/Verkehr"

abfahren
e Ampel
ankommen
ärgern(sich)
e Ansage
aufpassen
auspacken
aussteigen
s Ausland
r Ausländer
r Ausweis
s Auto
e Autobahn
r Automat
e Bahn
e U-Bahn
r Bahnhof
r Bahnsteig
r Berg
berühmt
besichtigen
besuchen
r Bus
einsteigen
erreichen
fahren
e Fahrkarte
r Fahrplan
s Fahrrad
e Ferien

r Fotoapparat
fotografieren
fliegen
r Flughafen
s Flugzeug
freundlich
freuen
zu Fuß gehen
r Gast
gehen
s Gepäck
e Grenze
s Hotel
in
e Insel
interessant
s Interesse
interessieren (sich)
e Jugendherberge
r/e Jugendliche
jung
r Junge
junge Leute
e Kamera
e Karte
kennenlernen
r Koffer
e Kreuzung
e Landkarte
e Landschaft
langweilig
e Lust
lustig
s Mädchen
s Meer
r Motor
s Motorrad
r Motorroller
s Museum
nach
e Nähe
e Natur
e Pension
s Programm
r Prospekt
s Rad

Rad fahren
e Radtour
reparieren
e Reparatur
r Rucksack
e Rundfahrt
s Schloss
schön
r See
e S-Bahn
s Schiff
r Strand
e Straße
e Straßenbahn
e Tasche
toll
r Tourist
e U-Bahn
r Unfall
r Urlaub
verboten sein
r Verkehr
s Verkehrsmittel
e Verspätung
e Welt
s Ziel
r Zug

„Familie/Freunde"

alt
aussehen
beliebt
r Bruder
r Cousin
e Cousine
da sein
diskutieren
dumm
r Enkel
e Eltern (Pl)
r Freund, e -in
freundlich
gefallen
r Geburtstag
e Geschwister (Pl)
s Gespräch

getrennt leben
gleich
glücklich
e Großeltern (Pl)
e Großmutter
r Großvater
e Gruppe
r Hund
intelligent
jung
e Katze
s Kind
e Kleidung
kompliziert
lachen
Leben
lieben
s Mädchen
meinen
e Mutter
neu
offen
e Oma
r Onkel
r Opa
passen
passieren
s Problem
ruhig
e Schwester
r Sohn
streiten
sympathisch
e Tante
e Tochter
unfreundlich
unsympathisch
r Vater
verlieben, sich
verschieden
r/e Verwandte
zusammen

Modul Schreiben

I Informationen zum Prüfungsteil Schreiben

Der Prüfungsteil **Schreiben** hat 2 Teile und dauert ca. 30 Minuten.
Du schreibst zwei kurze freie Texte.

Teil	Texte	Aufgaben	Zeit	Ziel
1	SMS im informellen Regis-ter (du-Form)	Du bekommst ein Aufga-benblatt mit drei Inhalts-punkten. Dazu schreibst du einen Text von ca. 25–30 Wörtern.	ca. 15 Min.	Du zeigst, dass du im in-formellen Register schrei-ben kannst, und dass du der Situation entsprechend reagieren kannst.
2	E-Mail im (halb)-formellen Register (Sie-Form)	Auf dem Aufgabenblatt fin-dest du eine Situation und drei Inhaltspunkte. Dazu schreibst du einen Text von ca. 30–40 Wörtern.	ca. 15 Min.	Du zeigst, dass du im halb-formellen Register schrei-ben kannst, und dass du so reagieren kannst, wie es in dieser Situation nötig ist.

II Schreiben Teil 1

A Übungen zu den Redemitteln

Die Liste der Redemittel findest du auf S. 92/93.

1 Hier wohne ich.

a Ergänze den Text.

> im ersten Stock • kleine Geschäfte • Verkehr • Zimmer • kaufen • Garage • in der Nähe • fahren •
> ein Obstladen • in einem Haus • mit großen Bäumen

Ich wohne (1) *in einem Haus* in der Marktstraße. Unsere Wohnung ist (2) _____
und hat drei (3) _____. Im Erdgeschoss sind zwei (4) _____.
Das eine Geschäft ist (5) _____ und in dem anderen kann man Fahrräder (6)
_____. Neben dem Haus ist eine (7) _____ und hinter dem
Haus gibt es einen Garten (8) _____. Das Rathaus und die Kirche sind (9)
_____. Auf der Marktstraße ist sehr viel (10) _____. Da
(11) _____ viele Autos und Busse.

b Wie wohnst du? Schreib einen kleinen Text.

Ich wohne in _____

_____

_____

_____

_____

2 Verabrede dich mit einer Freundin / einem Freund. Bilde Sätze.

Wann?	Um wie viel Uhr?	Wo?
am Wochenende	um 10:00 Uhr	in der Stadt
morgen	um 17:00 Uhr	an der Bushaltestelle
am Freitag	um 15:00 Uhr	auf dem Tennisplatz
heute Abend	um 20:00 Uhr	im Klub
nächsten Dienstag	um 19:00 Uhr	vor dem italienischen Restaurant
nach der Schule	um 14:00 Uhr	bei mir / bei dir

1 Wir treffen uns am besten _____.
2 Können wir uns _____ treffen?
3 Wollen wir uns _____ treffen?
4 Wir sehen uns _____.
5 Geht es bei dir _____?
6 Treffen wir uns vielleicht _____?

3 Bilde zuerst Sätze. Wie ist die Reihenfolge? Ordne zu.

A bestimmt – Spaß – das – macht. • B am Samstag – treffen – wir können uns – am Busbahnhof – um 10:00 Uhr. • C am Wochenende – Zeit – hast du? • D wir können dann – eine Pizza – bei mir – essen – mittags. • E schwimmen gehen – ich möchte – mit dir. • F fahren wir zusammen – von dort – zum Schwimmbad – mit dem Bus.

A _____
B _____
C _____
D _____
E _____
F _____

C					

4 Etwas vorschlagen

a   b   c   d

a Ordne die Bilder den Texten zu.

1 Darf ich etwas vorschlagen? Wir gehen morgen Nachmittag zusammen in die Stadt ☐
einkaufen und am Abend ins Kino. Wie findest du das?

2 Was meinst du, wollen wir am Samstag zusammen eine Radtour machen? ☐
Wir können an den See fahren und dort vielleicht auch baden.

3 Hast du am Montag Zeit? Dann können wir bei mir Computerspiele machen und auch ☐
Musik hören. Vielleicht interessiert dich das.

4 Lass uns doch mit Jakob und Vera Volleyball spielen. Die haben Freitag den ganzen ☐
Tag frei. Das macht sicher Spaß.

b Du bist nicht einverstanden. Verbinde. Achte auf die Satzzeichen.

1 Das ist ein nettes Programm,   a Ich will auf keinen Fall an den See.

2 Das ist keine so gute Idee,   b aber da kann ich leider nicht.

3 Also, ich weiß nicht. Das finde ich   c gehen wir doch lieber Pizza essen.

4 Nein, das gefällt mir nicht.   d nicht so toll.

5 Wollen wir nicht lieber   e ins Schwimmbad gehen?

c Du bist einverstanden. Verbinde. Achte auf die Satzzeichen.

1 Ja, das finde ich gut. Ich komme   a mein Lieblingssport.

2 Okay das machen wir. Wir treffen uns dann   b noch keine Pläne.

3 Aber gern. Volleyball ist   c auf jeden Fall mit.

4 Für mich ist das okay. Ich habe für Samstag   d ich bin dabei.

5 Das Programm gefällt mir gut,   e in der Stadt.

5 Du möchtest etwas begründen.

a Verbinde die Sätze mit „weil".

1 Ich kann leider nicht kommen. – Ich muss noch für Mathematik lernen. _____

_____

2 Wir kommen sicher zu spät. – Wir haben den Bus verpasst. _____

_____

3 Ich kann nicht mit euch fahren. – Ich habe meinen Ausweis verloren. _____

_____

4 Ich muss zu Hause bleiben. – Ich bin krank. _____

_____

5 Am besten treffen wir uns im Café. – Es regnet so stark. _____

_____

6 Ich bin sehr müde. – Ich habe zwei Stunden gejoggt. _____

_____

b Verbinde die Sätze mit „deshalb".

1 Ich habe Halsschmerzen. – Ich bleibe lieber zu Hause. _____

_____

2 Ich muss heute Nachmittag zum Gitarrenunterricht. – Ich kann nicht zum Training kommen. _____

_____

3 Ich habe bis ein Uhr Unterricht. – Ich kann erst um halb zwei auf dem Sportplatz sein. _____

_____

4 Mein Sprachkurs beginnt morgen. – Ich muss das Kursbuch kaufen. _____

_____

6 Welches Bild passt? Bilde Sätze (S. 76) und ordne die Bilder zu.

Du hast zum Geburtstag viele Geschenke bekommen. Du willst dich bedanken.

Achte auf die Satzzeichen!

a   b   c

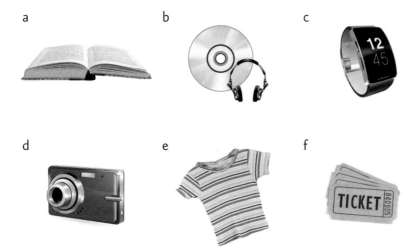

d   e   f

1 danke –, • toll aus — und – es sieht – es passt – genau _____

_____ .

Bild: _____

2 froh – ich – bin –, • pünktlich – jetzt – sein kann – wieder – ich – dass _____

_____ .

Bild: _____

3 auf den Film – sehr – ich – mich – freue _____

_____ .

Bild: _____

4 gern – besonders – die Musik – ich – mag _____

_____ .

Bild: _____

5 von J. K. Rowling – die Bücher – ich liebe –. • schön, – hast gedacht – dass – du – an mich _____

_____ .

Bild: _____

6 super – das – ist –. • richtig gute Bilder – damit – ich – mache _____

_____ .

Bild: _____

B Übungen zu Schreiben Teil 1

1 Schreibe die Sätze neu mit verschiedenen Satzanfängen.

Beispiel:

0 Ich habe morgen Nachmittag leider keine Zeit.

   Morgen Nachmittag habe ich leider keine Zeit.   /   *Leider habe ich morgen Nachmittag keine Zeit.*

1 Ich bedanke mich herzlich für die Einladung.

_____ /

_____

2 Ich finde das leider nicht so interessant.

_____ /

_____

3 Ich kann morgen leider nicht kommen.

_____ /

_____

Modul Schreiben

4 Wir telefonieren am besten noch heute Abend.

_____ /

_____

5 Ich will auf keinen Fall ein neues Fahrrad kaufen.

_____ /

_____

6 Wir stehen jeden Tag um 7:00 Uhr auf.

_____ /

_____

7 Wir treffen uns um 18:00 Uhr am Rathaus.

_____ /

_____

8 Ich habe früher Comics gelesen.

_____ /

_____

9 Ich gehe im Winter nicht gern im Park spazieren.

_____ /

_____

2 Ergänze die Sätze und schreibe sie neu.

Mehrere Lösungen sind möglich.

fast nie • nur selten • oft • immer • meistens • zweimal pro Woche • einmal am Tag • manchmal

1 Ich stehe morgens um 7:00 Uhr auf.
2 Zum Frühstück trinke ich Milchkaffee.
3 Ich spiele mit meinen Freunden Fußball.
4 Ich esse zusammen mit meiner Familie.

5 Ich hole meine kleine Schwester von der Schule ab.
6 Wir machen zusammen Computerspiele.
7 Ich fahre mit dem Bus nach Hamburg.
8 Ich gehe mit meinem Freund Christian ins Kino.

1 *Morgens stehe ich immer um 7:00 Uhr auf.* _____
2 _____
3 _____
4 _____
5 _____
6 _____
7 _____
8 _____

3 Schreibe die Sätze in der richtigen Reihenfolge.

Gefällt dir die Idee? • Dann kannst du mir doch ein paar Sehenswürdigkeiten zeigen. • Liebe Grüße Patrizia. • Können wir uns vielleicht treffen? • Antworte bitte bald. • Ich lade dich auch zum Mittagessen ein. • Am Samstag komme ich für drei Tage nach Berlin.

Liebe Anna,

_____

_____

_____

_____

_____

_____

_____

4 Finde die anderen acht Fehler und korrigiere den Text.

antworte • weißt • putze • kochen • ~~kann~~ • wohnen • bin • mache • liegt

Hallo Peter,

~~kann~~ will ich für zwei Wochen bei dir kommen? Ich gehe einen Deutschkurs in Hannover. Die Schule läuft direkt neben deiner Wohnung. Du siehst, ich mache ordentlich und kaufe auch jeden Tag das Bad. Abends kann ich immer für uns schlafen. Nudeln und Pommes frites mache ich besonders gut. Sprich mir bitte bald. Toll, wenn das klappt.

Viele Grüße

Matthias

5 Anrede und Grußformel, Du/Sie-Form

a Ordne zu.

Hallo Marcus • Liebe Frau Prahl • Hi Ulli • Sehr geehrter Herr Müller • Lieber Jonas • Lieber Herr Schmidt • Liebe Julia • Sehr geehrte Frau Wagner

Anrede	
Freunde und Familie	**Bekannte (z. B. Eltern von Freunden), Erwachsene (Lehrer, Nachbarn, Bäcker usw.) und Personen, die du nicht kennst**

b Ordne zu.

Tschau Beate • Bis bald Klaus • Liebe Grüße Franziska • Mit freundlichen Grüßen Paul Schröder • Tschüs Nora • Viele Grüße Ewald Stein • Viele Grüße Tobi

Grußformeln	
Freunde und Familie	**Bekannte, Erwachsene und Personen, die du nicht (gut) kennst**

6 Du bekommst eine SMS.

a Lies den Text.

Hi, kommst du heute Abend in den Klub? Ich gehe um 21:00 Uhr mit Paul und Ina dorthin. Sag mal Bescheid. Tschüs

Modul Schreiben

b Du kannst nicht kommen. Schreib eine SMS.

Diese Wörter können dir dabei helfen.

leider nicht • lernen • Schule • schlechte Noten

c Du bist einverstanden. Schreib eine SMS.

Diese Wörter können dir dabei helfen.

gern • wann treffen • keine Pläne • auch meine Schwester

C Training zu Schreiben Teil 1

Schreibe einen Text.

💡 *Tipp*

a Du möchtest heute Nachmittag deinen Freund Dirk zum Sport treffen. Sende ihm eine SMS.

☞ Sag ihm, dass dein Bruder mitkommt.

☞ Schreibe, was du machen möchtest.

☞ Sag, wo und wann ihr euch treffen könnt.

Schreibe 25–30 Wörter.

Schreibe zu allen drei Punkten.

Vor dem Schreiben:
Mach dir Notizen mit Stichpunkten!
Ordne die Stichpunkte und mach daraus Sätze!
Wähle die richtigen Wörter!

b Deine Freundin Bettina wartet vor dem Kino auf dich. Sende ihr eine SMS.

☞ Entschuldige dich, dass du zu spät kommst.

☞ Begründe die Verspätung.

☞ Nenne eine neue Uhrzeit für den nächsten Film.

Schreibe 25–30 Wörter.

Schreibe zu allen drei Punkten.

💡 *Tipp*

Wichtig: Schreibe zu allen drei Punkten der Aufgabe!

Modul Schreiben

c **Du möchtest am Nachmittag etwas unternehmen. Sende deiner Freundin /
deinem Freund eine SMS.**

☞ Sag, wo du bist.

☞ Schlag ein Programm für den Nachmittag vor.

☞ Bitte sie/ihn um Antwort.

Schreibe 25–30 Wörter.

Schreibe zu allen drei Punkten.

d **Sende eine SMS an eine Mitschülerin / einen Mitschüler.**

☞ Sag, du kommst heute nicht in die Schule.

☞ Begründe es.

☞ Du willst sie/ihn bald treffen.

Schreibe 25–30 Wörter.

Schreibe zu allen drei Punkten.

Tipp

Nach dem Schreiben:
Lies deinen Text noch einmal!
Welche Fehler machst du oft?
Steht das Verb an der richtigen Stelle?
Sind alle Nomen großgeschrieben?
Konzentriere dich beim Lesen immer
nur auf ein Problem!

Modul Schreiben

III Schreiben Teil 2

A Übungen zu den Redemitteln

Die Liste der Redemittel findest du auf S. 92/93.

1 Fotos

a   b   c

a Was sagst du zu diesem Foto? Verbinde und ordne zu.
Achte auf die Satzzeichen!

1	Am besten gefällt mir	a	total gut.
2	Ich finde das Foto	b	dein Freund.
3	Ich mag	c	Wassersport auch sehr gut.
4	Mir gefällt	d	Sport sehr gern.
5	Ich denke,	e	ist cool und schwer.
6	Surfen	f	dass ihr viel Spaß habt.

Foto: _____

b Was sagst du zu diesem Foto? Verbinde und ordne zu.
Achte auf die Satzzeichen!

1	Besonders gut gefällt mir	a	auch gefallen.
2	Das war	b	hat mir die Musik gefallen.
3	Ich bin froh,	c	dein gelber Rock.
4	Die Party hat mir	d	die Party war ganz lustig.
5	Total gut	e	ein interessanter Abend.
6	Ich finde,	f	dass der Abend so schön war.

Foto: _____

c **Was sagst du zu diesem Foto? Verbinde und ordne zu.**

   Achte auf die Satzzeichen!

   1 Ich finde   a gar nicht.

   2 Mir gefallen diese Filme   b bestimmt sehr langweilig.

   3 Ich denke,   c den Film schrecklich.

   4 Der Film ist   d dass wir lieber in den Klub gehen sollen.

   5 Ich glaube, die Idee mit dem Film   e Johnny Depp nicht.

   6 Oh nein, ich mag   f finde ich nicht gut.

      Foto: _____

2 Finde die passenden Antworten und schreibe.

   Die Fotos sind toll. Vielen Dank. • Herzlichen Dank für das Geschenk. • Danke für die lieben
   Glückwünsche. • Vielen Dank für die Einladung. • Ich bedanke mich für Ihre E-Mail. • Shakespeare ist
   wunderbar, ich danke Ihnen.

   1 Die Mutter deines Freundes lädt dich zum Essen ein.

      _____

   2 Du bekommst eine E-Mail.

      _____

   3 Die Eltern deiner Freundin schenken dir eine CD.

      _____

   4 Du bekommst Geburtstagsgrüße.

      _____

   5 Deine Lehrerin lädt dich ins Theater ein.

      _____

   6 Dein Musiklehrer schickt dir neue Fotos von eurem Konzert.

      _____

3 Einladungen

a Du bekommst eine Einladung. Was antwortest du?
Bilde Sätze und ordne sie zu.

Mehrere Lösungen sind möglich. Achte auf Groß- und Kleinschreibung. Achte auf die Satzzeichen.

A

Ich lade dich herzlich
zu meiner Party
AM SAMSTAG
UM 20:00 UHR
ein.

B

Ich mache Sonntag ein Frühstück für meine Kursteilnehmer.
Möchtest du dabei sein? Dann komm
bitte um 10:00 Uhr zu mir.
PS: Bring deine Gitarre mit.

1 danke dir – ich – und komme – für die Einladung – bestimmt • 2 leider – nicht kommen – kann ich •
3 vielen Dank für – die Einladung –, – gern – ich komme • 4 leider nicht – das geht • 5 sehr schade –
das ist – , aber – nicht kommen – ich kann – leider • 6 Ihnen – ich danke – und – mich schon – ich
freue • 7 tolle Idee, bis Sonntag • 8 in Köln – bin ich – über das Wochenende – leider • 9 kann ich –
da – leider nicht –, – seinen Geburtstag – mein Vater – feiert • 10 es tut – mir leid –, – kann – dass ich –
nicht kommen • 11 ist – super – das –, vielen Dank • 12 von Ihnen – sehr lieb – das ist –, – komme
gern – ich

Die Einladung passt … ☺	Die Einladung passt nicht … ☹

b Zu welcher Einladung in a passen die Sätze? Ordne zu.
Manchmal passen mehrere Lösungen.

1 ____	5 ____	9 ____
2 ____	6 ____	10 ____
3 ____	7 ____	11 ____
4 ____	8 ____	12 ____

4 Einladungen: Ich komme gern … / Ich kann leider nicht …

a Ergänze den Text.
Achte auf Groß- und Kleinschreibung.

meinst • die Einladung • komme gern • mitbringen • bis Samstag • tolle Idee • mache ich

Liebe Claudia,

vielen Dank für (1) _____. Ich (2) _____ denn die

Party ist wirklich eine (3) _____. Ich freue mich schon jetzt. Soll ich etwas

(4) _____? Vielleicht (5) _____ einen Salat. Was

(6) _____ du?

(7) _____ und liebe Grüße

Paola

b Ergänze den Text.
Achte auf Groß- und Kleinschreibung.

gedacht haben • zu Hause • ihren Geburtstag • alle Gäste • nicht kommen • es geht

Lieber Herr Taler,

vielen Dank, dass Sie an mich (1) _____. Leider kann ich (2) _____

_____. (3) _____ nicht, weil meine Mutter am Samstag

(4) _____ feiert. Ich muss unbedingt (5) _____

sein. Grüßen Sie bitte (6) _____ von mir.

Viele Grüße
Marco

5 Was passt? Ordne zu und schreibe die Sätze.
Achte auf die Großschreibung am Satzanfang.
Denke an die Satzzeichen am Satzende.

A gelassen – sie – zu Hause – ich habe – es tut mir leid • B Entschuldigung –, keine Zeit – wirklich –
gestern – ich hatte • C Entschuldigung – , – kann – ich – nur an diesem Tag – leider – kommen •
D entschuldigen – , – ich möchte mich – lernen – ich – musste noch • E es tut mir leid – , – ging es –
nicht früher – aber • F entschuldigen Sie bitte – , – wo er ist. – aber – ich – weiß nicht,

1 Du kommst zu spät zu einem Treffen.

E _____

2 Du hast deine Tennisbälle vergessen.

☐ _____

3 Du hast einen Schlüssel verloren.

☐ _____

4 Du hast einen Lehrer gestern nicht angerufen.

☐ _____

5 Du bist gestern nicht zum Training gekommen.

☐ _____

6 Du willst einen Termin auf Montag verschieben.

☐ _____

6 Schreibe die Fragen.

Mehrere Lösungen sind möglich. Diese Verben können dir helfen: sein, kommen, finden, wohnen.

1 Wo _____? Das Café ist am Marktplatz.

2 Wie _____? Gehe hier immer geradeaus, neben dem Sportplatz ist das Schwimmbad.

3 Wo _____? Den Jugendklub findest du in der Schumannstraße.

4 Wie _____? Am besten fährst du mit dem Bus zum Museum.

5 Wo _____? Ich wohne in der Ahornstraße 7.

6 Wie _____? Das ist nicht weit. Nur 10 Minuten zu Fuß.

7 Beschreibe den Weg.

1 Wo finde ich den Jugendklub?

Gehe hier geradeaus, _____

_____

_____

2 Wie komme ich in die Schumannstraße? _____

_____

_____

Modul Schreiben

8 Verabredungen

a Schreibe eigene Texte wie im Beispiel.

Ergänze eigene Informationen wie im Beispiel.

Was möchtest du unternehmen?
ins Kino gehen • ins Schwimmbad gehen • einkaufen gehen • Musik hören • Tennis spielen •
Pizza essen gehen • …

Wann möchtest du das machen?
am Montag • am Dienstag • am Abend • heute Nachmittag • nächste Woche • um 16:00 Uhr •
um 20:00 Uhr • …

Wo möchtest du dich treffen?
an der Bushaltestelle • vor dem Kino • im Café • vor dem italienischen Restaurant • in der …straße •
…

Beispiel:

0 *Ich möchte mit dir eine Pizza essen gehen. Hast du Lust? Passt es dir am Dienstag um 19:00 Uhr?*
 Wir können uns vor dem italienischen Restaurant in der Kantstraße treffen.

1

2

3

4

5

b Einen Termin verschieben. Schreibe die Sätze richtig.

Achte auf die Satzzeichen.

1 habe ich – am Dienstag – leider – keine Zeit –, • – am Schulkonzert – weil ich – teilnehme

2 ich kann heute – ins Theater – gehen – doch nicht –. • mein Cousin – gekommen – ist zu Besuch

3 verschieben – können wir – den Termin –? • leider – ich muss – am Dienstag – sein – in der Schule

_____

_____

4 ich möchte – verschieben – den Ausflug –, • – das Wetter – weil heute – so schlecht ist

_____

_____

5 nicht – leider kann ich – am Mittwoch – in Hamburg – sein –, • am Donnerstag – geht es – ?

_____

_____

B Übungen zu Schreiben Teil 2

1 Ergänze den Text.

zuerst • danach • nach dem Abendessen • um 18:00 Uhr • heute Nachmittag • am Wagnerplatz • ein paar

Ich habe einige Ideen, was wir (1) _____ zusammen machen können. Wir gehen vielleicht
(2) _____ ein Eis essen. Es gibt ein sehr schönes Eiscafé (3) _____. Wir können
(4) _____ ins Kino gehen. Es gibt (5) _____ tolle neue Filme. Wir fahren
(6) _____ mit der U-Bahn zu mir. Wir lernen (7) _____ noch für die Schule.
Wie findest du das?

2 Eine E-Mail in der Sie-Form
Ergänze den Text.
Achte auf die richtige Verbform.

kommen • entschuldigen • verpassen • erzählen • müssen • geben • antworten • hoffen •
treffen können • nehmen

Liebe Frau König,

(1) _____ Sie bitte, dass ich zu spät (2) _____.

Leider habe ich um 17:00 Uhr den Zug (3) _____.

Jetzt (4) _____ ich den nächsten um 17:30 Uhr.

Ich (5) _____, dass wir uns heute noch (6) _____

_____. Ich (7) _____ Ihnen unbedingt von meiner

Reise (8) _____. Es (9) _____ viele lustige

Geschichten. (10) _____ bitte auf meine E-Mail.

Gruß Anna

3 Was passt nicht?

1 einen Film – ein Buch – ein Gebirge   lustig finden
2 zu einer Party – auf die Karte – ins Theater   einladen
3 für ein Geschenk – für eine Einladung – für das Café   danken
4 im Auto – ins Kino – ins Schwimmbad   gehen
5 am Computer – im Buch – auf dem Sportplatz   spielen
6 in die Stadt – ins Museum – im Garten   mitkommen

4 Was ist richtig? Kreuze an.

1 Wir fahren heute ☐ an den   ☐ in den   See.
2 Gehen wir doch lieber ☐ zum   ☐ zur   Kaufhaus.
3 Morgen treffen wir uns ☐ im   ☐ ins   Café.
4 Kommst du jetzt erst ☐ vom   ☐ aus   der Schule?
5 Ich gehe am Nachmittag ☐ in den   ☐ im   Park spazieren.
6 Am Wochenende fährt er ☐ am   ☐ ans   Meer.

5 Ordne die Formeln zu.

Anrede: Sehr geehrte Frau Mittag • Lieber Herr Frisch • Liebe Paola • Hallo Karin • Hi David •
Lieber Max
Grußformel: Tschüs Birk • Viele Grüße Manuel • Mit freundlichen Grüßen Ilse Müller • Liebe Grüße •
Alles Gute deine Amelie • Beste Grüße Jens Weber

Du-Form	Sie-Form

6 Schreibe den Text in der Sie-Form.

Liebe Patrizia,

wie geht es dir? Seit zwei Tagen bin ich wieder in Kassel und ich möchte dich gern am Mittwoch treffen. Geht das? Ich möchte mit dir über das Schulfest sprechen. Ich habe ein paar Vorschläge. Vielleicht gefallen sie dir auch. Sag mir bitte, wo ich dich treffen kann.

Viele Grüße
Petra

Liebe Frau Behrmann,

_____   _____

_____

_____

_____

_____

Petra Schmidt

C Training zu Schreiben Teil 2

E-Mails schreiben

a Schreibe eine E-Mail an Herrn Fichte.
  Dein Musiklehrer, Herr Fichte, hat dich und einige Mitschüler per E-Mail zu einem Treffen eingeladen.
  Er möchte eine neue Gruppe mit Gitarrenspielern organisieren.

  ☞ Bedanke dich und sag, dass du zu diesem Termin nicht kommen kannst.
  ☞ Sage warum.
  ☞ Sage, dass du am Kurs interessiert bist.

  Schreibe 30 – 40 Wörter. Schreibe zu allen drei Punkten.

♀ Tipp

Vor dem Schreiben:
Mach dir Notizen mit Stichpunkten!
Ordne die Stichpunkte und mach daraus Sätze!
Wähle die richtigen Wörter!

♀ Tipp

Wichtig: Schreibe zu allen drei Punkten der Aufgabe!
Nicht vergessen: Anrede und Grußformel einsetzen, E-Mail unterschreiben.

b Schreibe eine E-Mail an Herrn Henning.

Es ist Juli. Das Schuljahr ist zu Ende.
Dein Klassenlehrer, Herr Henning, organisiert
ein Gartenfest. Er hat dir eine
Einladung geschickt.

☞ Bedanke dich und sage, dass du kommst.

☞ Frage, was du mitbringen kannst (Nudelsalat/ Orangensaft).

☞ Frage nach dem Weg zum Gartenfest.

Schreibe 30–40 Wörter. Schreibe zu allen drei Punkten.

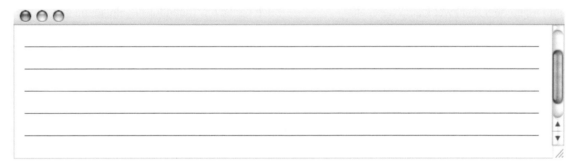

c Sende eine E-Mail an eine neue Freundin und ihre Eltern.

Du hast eine neue Freundin kennengelernt.
Du möchtest sie zusammen mit ihren Eltern
einladen.

☞ Lade sie für Sonntag zum Kaffeetrinken ein.

☞ Sage wann und wo.

☞ Beschreibe den Weg.

Schreibe 30–40 Wörter. Schreibe zu allen drei Punkten.

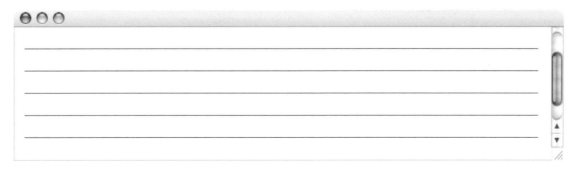

d Sende einer Freundin und ihren Eltern eine E-Mail.

Du warst bei den Eltern einer Freundin zum
Essen eingeladen. Sende Ihnen eine E-Mail.

☞ Bedanke dich für den Abend. ☞ Sage, was dir gut gefallen hat.

☞ Schlage vor, dass ihr zusammen wandern wollt.

Schreibe 30–40 Wörter. Schreibe zu allen drei Punkten.

Tipp

Nach dem Schreiben:
Lies deinen Text noch einmal!
Welche Fehler machst du oft?
Steht das Verb an der richtigen Stelle?
Sind alle Nomen großgeschrieben?
Konzentriere dich beim Lesen immer
nur auf ein Problem.

Modul Schreiben

Redemittelliste

Freude ausdrücken
Schön, dass du an mich gedacht hast.
Ich habe mich sehr gefreut.
Ich mag … besonders gern.
Das ist super.
Ich bin sehr froh, dass …
Ich freue mich (sehr) auf …

sich bedanken
Ich danke dir/Ihnen für …
Ich bedanke mich für …
Vielen Dank für die Einladung.

etwas begründen
Ich kann leider nicht kommen, weil ich
   noch Hausaufgaben machen muss.
Sport haben wir montags, deshalb ist
   das mein Lieblingstag.

etwas beschreiben
Das Haus ist groß/klein und hat sehr
   große/kleine Fenster.
Im Erdgeschoss sind zwei kleine Geschäfte /…
Neben/Hinter dem Haus ist eine Garage /…
Vor/Hinter dem Haus ist ein Garten.
Das Geschäft ist in der Marktstraße /…
Die Kirche hat zwei Türme /…
Das Rathaus/Museum/Einkaufszentrum /…
   ist ganz alt/neu /…

etwas bewerten
Ich finde es traurig/schrecklich, dass …
Ich finde es schön, dass …
Ich bin froh, dass …
Ich denke, das ist eine gute/… Idee.
Meiner Meinung nach ist es sehr gut, dass …
Am besten/Besonders gut gefällt mir, dass …
Ich finde ihn ziemlich/sehr/total nett/
   sympathisch /…
Ich finde das gut/leicht/schwer/interessant/blöd /…
Ich finde das sehr interessant /… aber auch
   ziemlich schwer.
Das finde ich ziemlich leicht und total cool.
Ich mag Sport total gern /…
Ich finde das Buch ziemlich lustig /…

Die Party / Das Fest / Der Film / … hat mir
   (auch/sehr gut) gefallen.
Mir gefällt das Angebot / die Idee auch sehr gut.
Mir gefällt die Idee / das Angebot / der Film / …
   nicht besonders / überhaupt nicht.

sich entschuldigen
Entschuldigung.
Das tut mir leid.
Ich entschuldige mich für …
Leider konnte ich nicht kommen / …
Leider musste ich im Bett bleiben / …

jemanden einladen
Ich lade dich/Sie herzlich zu meiner Party /
   am Samstag / … ein.
Ich mache eine Party und möchte dich/Sie einladen.

auf eine Einladung reagieren
Vielen Dank für die Einladung, ich komme gern.
Vielen Dank, dass du/Sie an mich gedacht hast/
   haben.
Ich danke dir/Ihnen für die Einladung und
   komme bestimmt.
Tolle Idee, vielen Dank, bis Sonntag.
Sehr lieb von dir/Ihnen, ich komme gern.
Vielen Dank, aber ich kann leider nicht kommen.
…, aber das geht leider nicht.
…, aber leider kann ich nicht kommen.
…, aber leider bin ich am Wochenende in Köln.
…, aber mein Vater feiert seinen Geburtstag auch
   am Samstag.

nach dem Weg fragen
Ich möchte gern wissen, wo die Blumenstraße / der
   Bahnhof /… ist.
Ich suche die Franzstraße / den Bahnhof /…, kannst
   du / können Sie mir helfen?
Können Sie / Kannst du mir bitte sagen, wie ich
   zum Dom komme / wo der Dom ist?
Wie komme ich zu Peter / zum Flughafen /
   zur Haltestelle?
Wo wohnst du?
Wo finde ich das neue Rathaus?

den Weg beschreiben

Du fährst / Sie fahren zuerst geradeaus und dann
    nach rechts.
Du gehst / Sie gehen hier geradeaus, dann die
    erste Straße links.
Du fährst / Sie fahren 2 km geradeaus.
Du gehst / Sie gehen die nächste Straße
    links/rechts.
Das ist in der Nähe von der Schule /…
Du gehst / Sie gehen hier gleich zurück.
Und dann siehst du / sehen Sie schon …

sich verabreden

Hast du am Wochenende /… Zeit?
Wir wollen eine Radtour / eine Wanderung machen.
    Hast du Lust?
Gehst du morgen mit ins Schwimmbad /…?
Wollen wir am Abend zusammen eine Pizza essen
    (gehen) / …?
Geht es bei dir um 20:00 Uhr / …?
Lass uns doch am Sonntag in den Jugendklub /…
    gehen.

einen Termin vereinbaren

Geht es am Nachmittag um 17:00 Uhr /…?
Hast du am Montag / … Lust?
Kannst du nächste Woche / … kommen?
Passt es dir am Mittwoch um 19:00 Uhr /…?
Treffen wir uns heute Abend vor dem italienischen
    Restaurant?

einen Termin verschieben

Ich habe am Dienstag / am Abend leider keine Zeit.
    Geht es am Mittwoch / am Nachmittag?
Ich kann heute/morgen nicht ins Kino gehen.
    Gehen wir am Samstag /…?
Ich kann um 15:00 Uhr nicht kommen.
    Hast du um 17:00 Uhr Zeit?
Hast du am Samstag /… Zeit?
    Heute passt es mir nicht.
Können wir den Termin auf nächste Woche /
    nächsten Dienstag verschieben?

etwas vorschlagen

Spielen wir zusammen Volleyball/Tennis/…?
Spielst du mit mir Fußball/Tennis/…?
Wir können ein Computerspiel machen / eine Cola
    trinken / einen Film anschauen / Musik hören /…
Komm, wir gehen zusammen in die Stadt / einkau-
    fen / ins Kino /…
Möchtest du vielleicht mitkommen?
Lass uns doch einen Spaziergang machen.
Darf ich etwas vorschlagen? Komm zu mir.
Willst du zu Heinz / zum Fußball / zur Party
    mitkommen?
Vielleicht interessiert dich das.
Was meinst du, wollen wir eine Radtour / eine
    Wanderung /… machen?
Hast du am Sonntag /… Zeit?
Geht es bei dir um 10:00 Uhr / am Sonntag /…?
Gut, dann treffen wir uns dort.

ein Vorschlag: einverstanden sein /
nicht einverstanden sein

Aber gern.
Klar, ich komme gern.
Gern/Okay, das machen wir.
Das ist eine tolle/super/gute/… Idee.
Ja, das finde ich gut/super/toll/…
Ich kann morgen nicht kommen, ich bin bei meinen
    Großeltern.
Tut mir leid, ich habe keine Zeit.
Heute? Schade, das geht nicht.
Sehr nett/lieb von dir, aber da kann ich leider nicht.
Das ist keine so gute Idee. Gehen wir doch lieber ins
    Theater /…
Also ich weiß nicht. Das finde ich nicht so interes-
    sant/gut/…

Modul Sprechen

I Informationen zum Prüfungsteil Sprechen

Die mündliche Prüfung **Sprechen** ist eine Paarprüfung.
Es gibt keine Vorbereitungszeit.
Der Prüfungsteil Sprechen hat drei Teile und dauert ca. 15 Minuten für zwei Teilnehmende.

Teil	Arbeitsauftrag	Aufgaben	Zeit	Ziel
1	Du bekommst vier Wortkarten, z. B. *Hobby?* oder *Geschwister?*	Mithilfe der Wortkarten stellst du deinem Gesprächspartner Fragen. Danach antwortest du auf die Fragen des Partners.	ca. 2–3 Min.	Du zeigst, dass du Informationen zur Person erfragen und geben kannst.
2	Du bekommst ein Aufgabenblatt mit Stichwörtern und einer Frage, z. B. *Was machst du gern mit deinen Freunden?*	Als Antwort auf die Frage erzählst du von deinem Leben. Du sollst dazu die Stichwörter auf dem Aufgabenblatt benutzen. Danach stellt der Prüfer noch eine oder zwei Fragen.	ca. 3–4 Min. (für 1 Person)	Du zeigst, dass du im freien Gespräch ausführliche Informationen über dein tägliches Leben geben kannst.
3	Auf dem Aufgabenblatt gibt es eine Situation, die gemeinsames Planen verlangt. Dazu gibt es Inhaltspunkte. Dein Partner hat die gleiche Situation mit anderen Inhaltspunkten.	Mit deinem Gesprächspartner planst du ein gemeinsames Vorgehen. Ihr entscheidet, was ihr tun wollt.	ca. 3–4 Min.	Du zeigst, dass du Vorschläge machen kannst. Du sagst deine Meinung, du lehnst Vorschläge ab oder du sagst, dass du einverstanden bist.

II Sprechen Teil 1

A Übungen zu den Redemitteln „Fragen zur Person"

Die Liste der Redemittel findest du auf S. 122–124.

1 Was sagen die Personen? Ordne zu.

a ⑤   b ☐   c ☐

d ☐   e ☐   f ☐

g ☐   h ☐

1 Welchen Sport machst du am liebsten?
2 Magst du gern Pommes frites?
3 Was isst du gern zum Frühstück?
4 Glaubst du, wir können das kochen?

5 Wie findest du das rote Kleid?
6 Siehst du gern Liebesfilme?
7 Welche Musik findest du gut?
8 Wollen wir „FarmVille" spielen?

2 Welche Antwort passt? Ordne zu.

1 Was machst du in der Schulpause
   mit deinem Handy?   [c]

a Ich habe nur eine Schwester.

2 Wie viele Geschwister hast du?

b Ich mag am liebsten Techno, aber Electro finde ich
   auch gut.

3 Welche Musik gefällt dir?

c Da gibt es natürlich ein Bett, dann noch einen
   Schreibtisch, einen Schrank und viele Regale.

4 Welches Haustier magst du
   am liebsten?

d Ich mache manchmal Spiele, aber ich suche auch oft
   Informationen im Internet.

5 Wer kocht bei euch zu Hause?

e Ich lese die SMS von meinen Freunden.

6 Wie sieht dein Zimmer aus?

f Am 12. März.

7 Wofür brauchst du den Computer?

g Meine Mutter macht die ganze Hausarbeit.

8 Wann hast du Geburtstag?

h Ich finde Katzen wunderbar.

3 Finde die Fragen.

Sprich zuerst die Fragen, schreibe sie danach.
Achte auf die richtige Form der Verben.

Sport machen • in der Freizeit machen • deine Freundin beschreiben • Abitur machen • Pläne für die
Ferien haben • vom Taschengeld bezahlen • am Wochenende machen

Beispiel:

0 ● Machst *du Sport* _____ ?   ▲ Ja, ich spiele in der Schule Fußball.

1 ● Wann _____ ?   ▲ Ich bin in zwei Jahren mit der Schule
   fertig.

2 ● Was _____ ?   ▲ Ich muss meine Schulsachen selbst
   kaufen, aber nicht die Bücher. Die bezahlt
   mein Vater.

3 ● Was _____ ?   ▲ Meistens spiele ich mit meinem Freund
   am Computer.

4 ● Welche _____ ?   ▲ Wir fahren immer auf einen Campingplatz
   an der Adria, mit der ganzen Familie.

5 ● Was _____ ?   ▲ Am Sonntag machen wir einen Ausflug
   mit dem Fahrrad.

6 ● Kannst _____ ?   ▲ Ja sicher: Sie ist ziemlich klein, mit
   dunklen Haaren. Sie ist immer sehr lustig.

4 Schreibe die Sätze richtig.

Achte auf die Satzzeichen.

1 in deiner Klasse – wie – sind – Schüler – viele

_____?

2 lernst – in der Schule – du – Fremdsprachen – welche

_____?

3 Lieblingsessen – mein – Reis – ist – mit Gemüse

_____.

4 am liebsten – möchtest – reisen – du – wohin

_____?

5 mit dem Handy – du – viel – telefonierst

_____?

6 mit Butter – Obst – und – esse – ich –ein Brötchen – zum Frühstück

_____.

7 findest – welche – du – gut – Computerspiele

_____?

8 möchte – nach dem Abitur – ich – gehen – nach England – für ein Jahr

_____.

5 Fragewörter

a Welches Fragewort passt? Schreibe.

Beispiel:

0 _Mit wem_ bist du in deiner Freizeit gern zusammen?

Mit wem? •	Wie?
Wo? •	Wohin?
Wann? •	Wie lange?
Welche? •	Welchen?
Wie? •	Was?
Warum? •	Woher?
Was für? •	Wie?
Wie? •	Was?
Wer? •	Wen?

1 _____ möchtest du am liebsten reisen?

2 _____ bist du pro Tag im Internet?

3 _____ Zeitschriften liest du gern?

4 _____ musst du von deinem Taschengeld bezahlen?

5 _____ willst du kein Fleisch essen?

6 _____ Kleider trägst du gern?

7 _____ findest du im Unterricht besonders interessant?

8 _____ kocht bei euch in der Familie?

b Schreibe mit den anderen Fragewörtern eigene Fragen.

Beispiel:

0 _Wie ist das Freizeitangebot bei euch?_

1 _____

2 …

6 Antworte auf die Fragen. Beschreibe deine eigene Situation.

Sprich zuerst die Antworten, schreibe sie danach.

1 Hast du ein eigenes Zimmer? Wie sieht es aus?

_____

_____

2 Wie kommst du morgens in die Schule?

_____

_____

3 Hast du Hobbys? Was machst du am liebsten?

_____

_____

4 Was hast du am letzten Wochenende gemacht?

_____

_____

5 Was gefällt dir gut in der Schule? Was magst du nicht?

_____

_____

6 Wie lange bist du pro Tag im Internet? Was machst du im Internet?

_____

_____

7 Was möchtest du gern an deinem Geburtstag machen?

_____

_____

8 Interessierst du dich für Mode? Welche Kleidung findest du gut?
Was für Kleider/Sachen ziehst du gern an?

_____

_____

9 Findest du gutes Essen wichtig? Wer kocht bei euch zu Hause?

_____

_____

10 Bekommst du Taschengeld? Musst du deine Kleidung selbst bezahlen?

_____

_____

B Übungen zu Sprechen Teil 1

1 Informationen erfragen

a Viele Informationen bekommen

Beispiel: **Mögliche Fragen:**

a Spielst du Tennis?

b Wie lange spielst du schon Tennis?

c Mit wem spielst du Tennis?

d Was gefällt dir beim Tennisspielen?

e Wann spielst du Tennis?

Probiere: Was kann deine Partnerin / dein Partner auf die Fragen antworten? Sprich die Antworten laut. Auf welche Frage bekommst du die meisten Informationen? _____

b Du möchtest viele Informationen bekommen. Stell deiner Partnerin / deinem Partner zu jedem Bild eine Frage. Schreibe danach die Fragen.

1
2
3
4
5
6
7
8

9
10

1 _____

2 _____

3 _____

4 _____

5 _____

6 _____

7 _____

8 _____

9 _____

10 _____

Modul Sprechen

2 Zwei Fragen kombinieren

a Stelle zwei Fragen.

Beispiel:

1 ● Spielst du Tennis?
2 ● Was gefällt dir beim Tennisspielen?

▲ Ja.
▲ Es ist spannend, man will doch immer gewinnen. Meine Freunde spielen auch alle Tennis. Ich mag die Leute im Tennisverein, wir haben immer viel Spaß.

b Finde zu jedem Bild zwei ähnliche Fragen (wie in a).

Sprich zuerst die Fragen, schreibe danach.

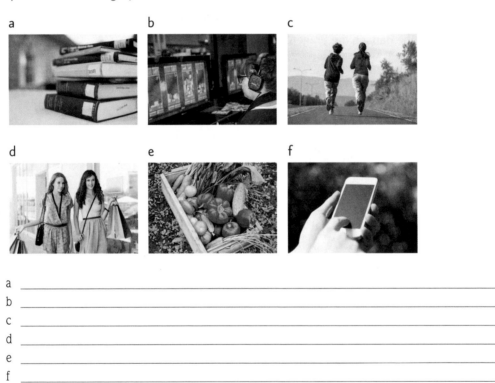

a _____
b _____
c _____
d _____
e _____
f _____

c Antworte auf die Fragen. Beschreibe deine eigene Situation.

Sprich zuerst die Antworten. Schreibe danach.

a _____
b _____
c _____
d _____
e _____
f _____

3 Korrigiere die Texte.

a Finde noch zwei Fehler und setze die richtigen Wörter ein.

jeden Tag • ~~sehe~~ • mag   ▲ Ich ~~höre~~ *sehe* nicht oft fern. Ich muss aber unbedingt gestern meine Lieb-
                                     lingsserien im Internet sehen. Am liebsten kenne ich „Violetta", das
                                     ist sehr spannend.

b Finde drei Fehler und setze die richtigen Wörter ein.

kaufe • gehe • interessiere   ● Ich ärgere mich sehr für Mode. Ich nehme alle meine Kleider selbst,
                                     manchmal suche ich zusammen mit Freundinnen einkaufen.

c Finde drei Fehler und setze die richtigen Wörter ein.

Onkeln • Eltern • Familie   ▲ Ich habe eine große Klasse, mit vielen Tanten, Autos, Cousins,
                                     Großeltern usw. Bei mir zu Hause wohnen sechs Personen: drei
                                     Kinder, meine Freunde, meine Großmutter.

4 Neue Freunde kennenlernen. Ergänze den Dialog.

Du bist in einem Chatroom für Jugendliche. Dein Benutzername ist Bobby.
Du möchtest Sarah besser kennenlernen.

	⊖ ⊖ ⊖	
	Chatboy:	Bobby kommt in den Chatroom.
	Bobby:	Hallo Sarah, schön, dass du online bist.
	Sarah:	Hi Bobby, bist du neu hier?
	Bobby:	Ja, erzählst du mir etwas von dir?
5	**Sarah:**	Du kannst mich ja fragen.
	Bobby:	(1) _____
	Sarah:	Die Band Fanta4 finde ich wunderbar. Am liebsten mag ich das Lied *Ein Tag am Meer*.
	Bobby:	(2) _____
	Sarah:	Nein, die Konzertkarten sind zu teuer. Ich habe die Musik auf meinem Handy.
10	**Bobby:**	(3) _____
	Sarah:	Ja, ich spiele Volleyball, ich mache gern Fahrradtouren, ich lese viel.
	Bobby:	(4) _____
	Sarah:	Ich habe gestern ein tolles Buch angefangen: *Tote Mädchen lügen nicht* von Jay Asher.
	Bobby:	(5) _____
15	**Sarah:**	Gern? – Ich *muss* in die Schule gehen, das weißt du doch!
	Bobby:	(6) _____
	Sarah:	Das ist Mathe, ich finde Mathematik spannend.
	Bobby:	(7) _____
	Sarah:	Englisch und Spanisch. Aber Spanisch erst seit einem Jahr.
20	**Bobby:**	(8) _____
	Sarah:	Ja, mit meinen Eltern, in London. – Ich muss jetzt weg, Bobby!
	Bobby:	(9) _____
	Sarah:	Ja okay, morgen um drei. Aber dann stelle ich die Fragen. Tschüs!
	Bobby:	Tschüs Sarah, bis morgen.
25	**Chatboy:**	Sarah geht aus dem Chatroom.
	Chatboy:	Bobby geht aus dem Chatroom.

C Training zu Sprechen Teil 1

1 Du nimmst vier Karten und stellst mit diesen Karten vier Fragen.
  Du hast 20 Sekunden Zeit zum Lesen. Deine Partnerin / Dein Partner antwortet.
  Übe die Fragen und Antworten mit einer Partnerin / einem Partner.

Tipp

Du stellst vier Fragen.
Deine Partnerin / Dein Partner
soll mehr antworten als nur:
Ja oder *Nein*!

Fragen zur Person
Wochenende?

Fragen zur Person
Hausaufgaben?

Fragen zur Person
Frühstück?

Fragen zur Person
Garten?

2 Deine Partnerin / Dein Partner nimmt vier Karten und
  stellt mit diesen Karten vier Fragen. Sie/Er hat 20 Sekunden
  Zeit zum Lesen. Du antwortest auf die Fragen.

Tipp

Diesmal stellt deine Partnerin /
dein Partner die Fragen.
Antworte mehr als nur:
Ja oder *Nein*!

Fragen zur Person
Musik?

Fragen zur Person
Fremdsprachen?

Fragen zur Person
Internet?

Fragen zur Person
Geschwister?

3 Du nimmst vier Karten und stellst mit diesen Karten vier Fragen.
   Du hast 20 Sekunden Zeit zum Lesen.
   Deine Partnerin / Dein Partner antwortet.

Tipp

Du stellst vier Fragen.
Deine Partnerin / Dein Partner
soll mehr antworten als nur:
Ja oder *Nein*!

Fragen zur Person

Freunde?

Fragen zur Person

Haustier?

Fragen zur Person

Kleidung?

Fragen zur Person

Sport?

4 Deine Partnerin / Dein Partner nimmt vier Karten und
   stellt mit diesen Karten vier Fragen. Sie/Er hat 20 Sekunden
   Zeit zum Lesen. Du antwortest auf die Fragen.

Tipp

Diesmal stellt deine Partnerin /
dein Partner die Fragen.
Antworte mehr als nur:
Ja oder *Nein*!

Fragen zur Person

Prüfung?

Fragen zur Person

Lieblingsessen?

Fragen zur Person

Schulweg?

Fragen zur Person

Ferien?

Modul Sprechen

III Sprechen Teil 2

A Übungen zu den Redemitteln: „von sich erzählen"

Die Liste der Redemittel findest du auf S. 122–124.

1 Welche Zeichnung passt?

1

2

3

4

5

6

a Am Nachmittag.   _____   d Beim Abendessen.   _____

b Zum Frühstück.   _____   e Wenn ich in der Schule bin. _____

c Wenn die Hausaufgaben fertig sind. _____   f In der Pause.   _____

2 Ergänze den Blog.

Vor dem Frühstück • dauert • Küche • Familie • mein Bruder • Schule • weckt • morgens • Freizeit • Wenn ich nach Hause komme • Meistens • Mittagessen

---

000

--- Lisas Alltagsblog ---

Ihr wollt wissen, was ich jeden Tag mache? Also, hier ist mein Tagesablauf:

An den Schultagen (1) _____ mein Handy mich um halb sieben. Meine Mutter

ist dann schon in der (2) _____ . (3) _____ dusche ich

5 schnell. Ich kann (4) _____ nicht viel essen, deshalb gibt es nur ein Müsli. Ich fahre

mit dem Fahrrad zur Schule, das (5) _____ eine halbe Stunde. (6) _____

_____ treffe ich unterwegs meine Freundin Josefine. Von der (7) _____ erzähle

ich nichts, das kennt ihr ja selbst sehr gut.

(8) _____ , ist meine Mutter noch bei der Arbeit. Ich muss mir das (9) _____

10 _____ allein machen. Am Abend ist aber meine ganze (10) _____ zusam-

men, wir sind zu viert: meine Eltern, (11) _____ und ich.

Das ist für heute alles, von meiner (12) _____ erzähle ich morgen.

Tschüs!

Modul Sprechen

3 Verbinde die Satzteile.

a In den Ferien

b Am Nachmittag gehe ich mit meiner Freundin

c Ich finde Ferien auf dem Campingplatz gut,

d Ich muss jetzt sehr viel lernen,

e Meinen Geburtstag will ich

f Meine Mutter sagt,

g Wenn ich mit der Schule fertig bin,

h Ich streite mich oft mit meinem Bruder,

1 in die Stadt zum Einkaufen.

2 weil man da immer viele neue Freunde finden kann.

3 mit meinen Freunden in einem Klub feiern.

4 weil er immer meinen Computer benutzt.

5 will ich in England einen Sprachkurs machen.

6 weil ich mich auf eine Prüfung vorbereite.

7 dass ich mein Zimmer selbst aufräumen soll.

8 möchte ich eine Ausbildung zum Bankkaufmann machen.

4 Rätsel. Finde die Lösung, schreibe dann das Lösungswort.

1

2

3

4

5

6

7

Lösungswort: _____

Modul Sprechen

5 Finde die passende Antwort.

Sprich die Sätze zuerst. Schreibe danach. Achte auf die Satzanfänge. Achte auf die Satzzeichen.

1 Ja, die – toll – sind – . • Die DVDs – bekomme – auch – ich – . • nur etwas länger – Es dauert – .

2 interessiere mich – Ich – für Mode – auch –. • kaufen – Meine Freundinnen und ich – ein – im Internet – .

3 zur Schule – Ich – mit dem Bus – fahre – . • meine Freunde – Im Bus – treffe ich –, – ganz lustig – ist meistens – das – .

4 gibt es – einige Haustiere – Bei uns – . • Minka – gehört – mir – Die Katze – .

5 einen Fußballverein – Wir haben – es gibt – und – einen tollen Badesee – . • ist es – hier wunderbar – Im Sommer – . • nicht so gut – Der Winter – gefällt mir – .

6 die Hausaufgaben – Ich mache – mit meinem besten Freund – immer – . • ganz in der Nähe – Er wohnt – .

7 kann ich – Natürlich – im Wald – laufen – immer –. • ich – aber nur am Wochenende – Das mache – .

Ich lebe gern in der Stadt.	Ich wohne gern auf dem Land.
a Ich finde es gut, dass es hier so tolle Geschäfte mit Kleidern und Schuhen gibt. Ich bin gern im Einkaufszentrum.	
b Wir können auch viel Sport machen. Es gibt Schwimmbäder und Fitness-Center. Ich kann überall mit der U-Bahn hinfahren.	
c Am Nachmittag treffe ich meine Freunde in der Stadtbibliothek. Wir machen zusammen Hausaufgaben.	
d Meine Eltern gehen gern ins Theater, das interessiert mich nicht. Aber ich liebe Vampir-Filme und will sie immer sofort sehen.	
e Meine Schule ist ganz in der Nähe, ich kann da zu Fuß hinlaufen.	
f Es gibt einen Park in der Nähe, da kann ich morgens joggen. Der Park ist aber nicht sehr groß.	
g Früher habe ich mir immer einen Hund gewünscht. Mein Vater sagt aber immer, dass Tiere nicht in einer Wohnung leben sollen. Jetzt finde ich das auch richtig.	

6 Diskussion

a Du liest vier Anzeigen auf der Homepage deiner Schule. Wähle, welche Anzeige für dich am besten passt. Begründe deine Wahl. Mach dir Notizen.

a

Reiten lernen

Auf dem Ponyhof Schilderüp auf der Insel Wangerooge (Ostfriesland) kannst du ein Wochenende lang mit Pferden leben.

Du kannst jeden Tag reiten, aber du musst auch bei der Arbeit im Haus und im Stall helfen.

Tel: 0171 65534395

b

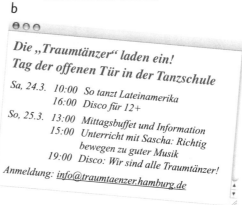

Die „Traumtänzer" laden ein!
Tag der offenen Tür in der Tanzschule

Sa, 24.3. 10:00 So tanzt Lateinamerika
           16:00 Disco für 12+
So, 25.3. 13:00 Mittagsbuffet und Information
           15:00 Unterricht mit Sascha: Richtig bewegen zu guter Musik
           19:00 Disco: Wir sind alle Traumtänzer!

Anmeldung: info@traumtaenzer.hamburg.de

c

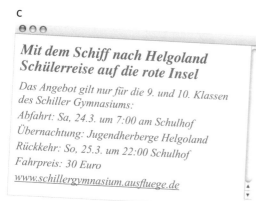

Mit dem Schiff nach Helgoland
Schülerreise auf die rote Insel

Das Angebot gilt nur für die 9. und 10. Klassen des Schiller Gymnasiums:
Abfahrt: Sa, 24.3. um 7:00 am Schulhof
Übernachtung: Jugendherberge Helgoland
Rückkehr: So, 25.3. um 22:00 Schulhof
Fahrpreis: 30 Euro
www.schillergymnasium.ausfluege.de

d

Jugendcamp Informatik für Mädchen

Wer?   Mädchen aus der 9. Klasse
Wo?   In Hamburg
Wann? 23.–25. März
Was?   Eine App fürs Smartphone machen

Mach mit! www.mathe.für.maedchen.de

Notizen: _____
_____
_____
_____

b Erkläre deiner Partnerin / deinem Partner, warum dir dieses Angebot gefällt. Frage sie/ihn danach, welche Anzeige sie/er gewählt hat.

Diese Redemittel kannst du benutzen:

ich finde das gut / toll / schlecht / langweilig / interessant / aufregend • es gefällt mir, dass … • ich möchte gern gut tanzen / reiten / … lernen • ich möchte etwas Neues sehen / lernen • ich möchte neue Freunde kennenlernen • ich möchte Spaß haben • ich war noch nie … • ich habe noch nie … gemacht • das ist für mich (nicht) lustig / interessant / neu • das gefällt mir, aber … • (aber) ich würde gern … • ich möchte am liebsten … • ich habe nicht viel Zeit, aber … • ich möchte teilnehmen / mitmachen / hinfahren / mich bewerben • ich will da anrufen / mich anmelden / mich informieren

B Übungen zu Sprechen Teil 2

1 Reisegeschichten

a Wie waren Sybilles Ferien? Schreibe die Geschichte.
Sybille erzählt von ihrer Reise.

1

2

3

4

5

6

Vor einem Jahr bin ich mit meiner Mutter ans Meer gefahren. Wir haben in einem kleinen Hotel am Strand gewohnt. Am ersten Tag

_____

_____

_____

_____

b Was hast du erlebt? Erzähle deine Reisegeschichte.
Mach dir zuerst Notizen, sprich dann frei.

2 Was machst du gern in deiner Freizeit? Beantworte die Fragen.

Mach dir zuerst Notizen, sprich dann frei.

a Was machst du am Nachmittag?

b Was sind deine Hobbys?

c Wie viel Zeit hast du für deine Hobbys?

d Musst du dein Zimmer selbst aufräumen? Wann machst du das?

e Was machst du am Wochenende?

f Wann triffst du deine Freunde? Was macht ihr zusammen?

3 Familiengeschichten

a Janosch erzählt von seiner Familie. Schreibe.

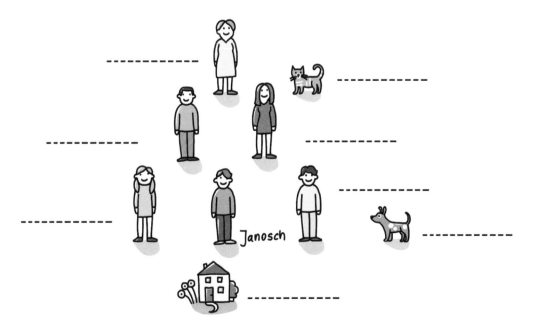

Ich heiße Janosch. Ich wohne mit meiner Familie in ...
_____
_____
_____
_____
_____
_____
_____
_____
_____

b Erzähle von deiner Familie. Beantworte die Fragen.

Mach dir zuerst Notizen, sprich dann frei.

a Wie heißt du?

b Wo wohnst du?

c Wie viele Personen gibt es bei dir zu Hause?

d Wer kocht bei dir zu Hause?

e Wie sieht dein Zimmer aus?

f Esst ihr jeden Tag alle zusammen?

g Was machst du gern mit deiner Familie zusammen?

h Wann hast du Geburtstag?

i Was möchtest du an deinem Geburtstag machen?

4 Meine Freunde

a Was kannst du über eine Person sagen? Kreuze an.

Beispiel:

1 Ich finde ihn ziemlich unfreundlich. ☒ Richtig ☐ Falsch

2 Sie sieht interessant aus. ☐ Richtig ☐ Falsch

3 Er kommt sehr hässlich. ☐ Richtig ☐ Falsch

4 Er ist überall bekannt. ☐ Richtig ☐ Falsch

5 Er trägt immer sportliche Kleidung. ☐ Richtig ☐ Falsch

6 Sie gefällt mir sympathisch. ☐ Richtig ☐ Falsch

7 Er ist ganz anders als ich. ☐ Richtig ☐ Falsch

8 Ich finde sie lustig und nett. ☐ Richtig ☐ Falsch

b Ergänze die Sätze über Elisabeth (Spalte B). Benutze die Wörter aus Spalte C.

A Karl	B Elisabeth	C
1 Ich möchte von Karl erzählen.	Seine Schwester Elisabeth ist ganz anders als er.	anders
2 Ich finde Karl ziemlich langweilig.		lustig
3 Er ist 32 Jahre alt und arbeitet in einer Bank.		19 – studieren
4 Er trägt jeden Tag einen dunklen Anzug.		Lieblingsfarbe: Rot
5 Er hat zwei Freunde. Sie gehen immer zusammen in den Fitnessklub.		viele Freunde – tanzen
6 Karl wohnt allein in einer kleinen Wohnung.		mit zwei Freundinnen.

7 Wenn er abends nach Hause kommt, hört er gern klassische Musik.		kochen
8 Manchmal geht er in die Oper. Am liebsten mag er Wagner.		Kino – Liebesfilme
9 Am Wochenende muss er sich ausruhen, weil seine Arbeit sehr schwer ist.		Ausflüge – Spaß haben
10 Im Urlaub fährt er nach Spanien und liegt dort am Strand.		Ausland – Sprachen lernen

c Schreibe jetzt einen Text über Elisabeth.

d Beschreibe deine beste Freundin / deinen besten Freund.

Mach dir zuerst Notizen, sprich dann frei.

Wie sieht sie/er aus?

Wie lange kennst du sie/ihn schon?

Welche Hobbys hat sie/er?

Was kann sie/er besonders gut?

Warum magst du sie/ihn so gern?

Was macht ihr gern zusammen?

Wie oft seid ihr zusammen?

Was findest du nicht so gut an deiner Freundin / deinem Freund?

C Training zu Sprechen Teil 2

1 Von sich erzählen

a **Du bekommst eine Karte und erzählst etwas über dein Leben.**
Wenn du das Aufgabenblatt bekommst, hast du 20 Sekunden Zeit zum Lesen.

Tipp

Wenn du die Aufgabe nicht verstehst, kannst du fragen.
Sprich frei.
Erzähle alles, was dir einfällt.
Benutze alle Wörter auf der Karte.

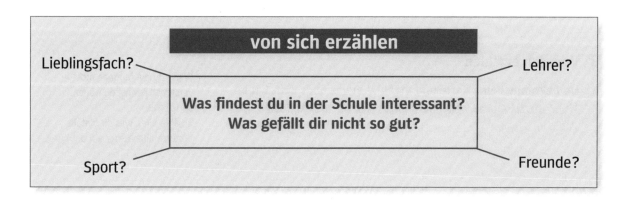

von sich erzählen

Lieblingsfach? — Lehrer?

**Was findest du in der Schule interessant?
Was gefällt dir nicht so gut?**

Sport? — Freunde?

Modul Sprechen

b **Wenn du alles erzählt hast, stellt die Prüferin / der Prüfer noch eine oder zwei Fragen. Du antwortest auf die Fragen.**

Beispiel:
– Du sagst, dein Lieblingsfach ist Geschichte. Weißt du schon, was du später machen willst, wenn du mit der Schule fertig bist?
– Welche Fremdsprachen lernst du in der Schule?
– Wie lange lernst du schon Deutsch?

c **Danach erzählt deine Partnerin / dein Partner etwas über ihr /sein Leben.**
Deine Partnerin / Dein Partner bekommt ein anderes Aufgabenblatt mit einem anderen Thema.

2 Von sich erzählen

Tipp

a **Du bekommst eine Karte und erzählst etwas über dein Leben.**
Wenn du das Aufgabenblatt bekommst, hast du 20 Sekunden Zeit zum Lesen.

Wenn du die Aufgabe nicht verstehst, kannst du fragen.
Sprich frei.
Erzähle alles, was dir einfällt.
Benutze alle Wörter auf der Karte.

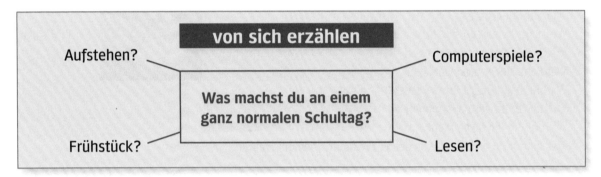

b **Wenn du alles erzählt hast, stellt die Prüferin / der Prüfer noch eine oder zwei Fragen. Du antwortest auf die Fragen.**

Beispiel:
– Wann kommst du an einem Schultag nach Hause?
– Wie viel Zeit brauchst du meistens für die Hausaufgaben?
– Machst du deine Hausaufgaben allein oder lernst du lieber zusammen mit Freunden?

c **Danach erzählt deine Partnerin / dein Partner etwas über ihr/sein Leben.**
Deine Partnerin / Dein Partner bekommt ein anderes Aufgabenblatt mit einem anderen Thema.

3 Von sich erzählen

Tipp

a **Du bekommst eine Karte und erzählst etwas über dein Leben.**
Wenn du das Aufgabenblatt bekommst, hast du 20 Sekunden Zeit zum Lesen.

Wenn du die Aufgabe nicht verstehst, kannst du fragen.
Sprich frei.
Erzähle alles, was dir einfällt.
Benutze alle Wörter auf der Karte.

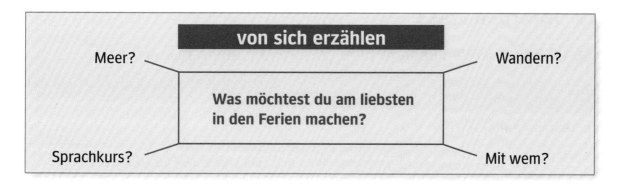

b Wenn du alles erzählt hast, stellt die Prüferin / der Prüfer noch eine oder zwei Fragen.
   Du antwortest auf die Fragen.

   Beispiel:
   – Du sagst, dass du gern in die Berge fährst. Kannst du etwas von deinen Ferien in den Bergen erzählen?
   – Warum möchtest du gern mit deinen Freunden in die Ferien fahren?
   – Möchtest du gern Ferien auf einem Campingplatz machen? Was findest du dort gut? Was gefällt dir nicht?

c Danach erzählt deine Partnerin / dein Partner etwas über ihr/sein Leben.
   Deine Partnerin / Dein Partner bekommt ein anderes Aufgabenblatt mit einem anderen Thema.

4 Von sich erzählen

a **Du bekommst eine Karte und erzählst etwas über dein Leben.**
   Wenn du das Aufgabenblatt bekommst, hast du 20 Sekunden
   Zeit zum Lesen.

💡 *Tipp*

Wenn du die Aufgabe nicht
verstehst, kannst du fragen.
Sprich frei.
Erzähle alles, was dir einfällt.
Benutze alle Wörter auf der Karte.

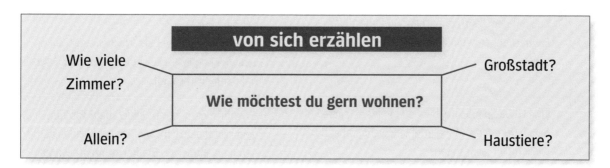

b Wenn du alles erzählt hast, stellt die Prüferin / der Prüfer noch eine oder zwei Fragen.
   Du antwortest auf die Fragen.

   Beispiel:
   – In Deutschland wohnen oft mehrere Studenten zusammen in einer Wohnung. Was findest du an dieser
     Idee gut, was gefällt dir nicht?
   – Möchtest du lieber in einem Haus oder in einer Wohnung leben? Warum?
   – Welche Möbel möchtest du gern in deinem Zimmer haben?

c Danach erzählt deine Partnerin / dein Partner etwas über ihr / sein Leben.
   Deine Partnerin / Dein Partner bekommt ein anderes Aufgabenblatt mit einem anderen Thema.

IV Sprechen Teil 3

A Übungen zu den Redemitteln: „zusammen etwas planen"

Die Liste der Redemittel findest du auf S. 122–124.

1 Welche Antwort passt? Kreuze an.

a Deine Großmutter hat dir ein Buch geschenkt. Du möchtest lieber Computerspiele, aber du magst deine Großmutter sehr gern.	1 ☐ Naja, danke. Aber ich lese doch nie. Das ist wirklich nichts für mich! 2 ☒ Das ist wirklich nett. Ich weiß, du liebst Bücher. Aber ich will dir etwas Interessantes auf meinem Computer zeigen. Das gefällt dir bestimmt auch.
b Eine Freundin möchte mit dir ins Kino gehen. Du willst dich mit anderen Freunden treffen, aber das möchtest du ihr nicht erzählen.	1 ☐ Die Idee gefällt mir, aber leider habe ich schon andere Pläne, tut mir leid! 2 ☐ Das ist ein guter Vorschlag, aber es geht nicht. Ich muss unbedingt für die Mathearbeit lernen. Vielleicht morgen?
c Du solltest gestern einen Freund treffen. Das hast du vergessen. Jetzt rufst du an und entschuldigst dich.	1 ☐ Es tut mir leid, dass ich nicht kommen konnte. Ich wollte dich anrufen, aber mein Handy war kaputt. 2 ☐ War das gestern wichtig? Ich glaube nicht, oder? Wie lange hast du denn gewartet?
d Deine Freunde wollen am Wochenende einen Ausflug mit dem Fahrrad machen. Du findest eine Fahrradtour unbequem, aber das willst du nicht sagen.	1 ☐ Also, was soll das? Warum fahren wir nicht mit dem Bus? 2 ☐ Die Idee ist gut, aber am Wochenende gibt es sehr viel Regen. Vielleicht ist es auf dem Fahrrad dann nicht so toll.
e Eine Freundin möchte, dass du mit ihr einkaufen gehst. Du findest Mode total langweilig, aber das willst du ihr nicht sagen.	1 ☐ Eigentlich gern, nur ist leider mein Taschengeld schon alle. Ich kann also wirklich nicht. 2 ☐ Ach nein, immer ins Stadtzentrum, da waren wir doch gestern schon! Können wir nicht etwas anderes machen?
f Dein Vater möchte in den Ferien wieder mit der ganzen Familie an die Nordsee. Dazu hast du keine Lust. Du willst aber nicht, dass dein Vater sich sofort ärgert.	1 ☐ Schon wieder an die Nordsee! Weißt du noch, dass es im letzten Jahr die ganze Zeit geregnet hat? 2 ☐ Ja, stimmt, an der Nordsee ist es schön. Ich habe aus dem Reisebüro ein paar Prospekte mitgebracht. Sieh mal, hier gibt es noch andere schöne Landschaften.

2 Geburtstagsgeschenke

a Spiele diese Situation mit einer Partnerin / einem Partner.

Ihr sucht ein Geschenk für eine Freundin.

Deine Partnerin / Dein Partner macht Vorschläge, aber du bist nicht einverstanden.

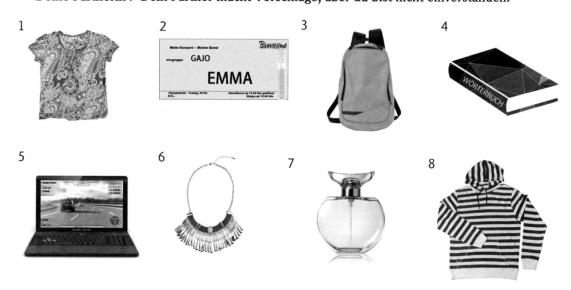

etwas vorschlagen: ich schlage vor … • wir können (auch) … • ich glaube, sie möchte gern … • ich denke, ein/e … gefällt ihr sicher • am besten schenken wir ihr … • vielleicht wünscht sie sich …

nicht einverstanden sein: das finde ich … • das möchte ich lieber nicht • das ist eine gute Idee, aber … • nein, das geht nicht • damit bin ich nicht einverstanden • die Idee gefällt mir nicht

dieses begründen: … mag keine Musik • … ist zu persönlich / … • … wandert nicht gern / … nie • darüber freut sie sich nicht • … ist zu langweilig • … ist zu teuer • … interessiert sie nicht • sie hat schon so viel/e

b Schreibt jetzt die Sätze zu a.

1 ▲ _Wir können ihr ein T-Shirt schenken, das gefällt ihr sicher._

   ● _Ach nein, sie hat doch so viel Kleidung, das finde ich nicht gut._

2 ▲ _Vielleicht_ _____

   ● _____

3 ▲ _____

   ● _____

4 ▲ _____

   ● _____

5 ▲ _____

   ● _____

6 ▲ _____
  ● _____

7 ▲ _____
  ● _____

8 ▲ _____
  ● _____

▲ Gut, dann gehen wir morgen zusammen in die Stadt und suchen etwas. Wie denkst du darüber?

3 Was sagst du in dieser Situation?

Sprich die Antworten zuerst. Schreibe danach.

leider muss ich … • ich möchte lieber … • es ist besser, wenn … • … nicht einverstanden •
finde ich nicht interessant / … • vielleicht können wir … • ich finde es besser, wenn …

Beispiel:

0 Deine Freunde wollen dich am Samstag besuchen. Du willst am Samstag etwas anderes machen.
   Ich freue mich, aber es ist besser, wenn ihr am Sonntag kommt. _____

1 Dein bester Freund möchte mit dir ins Kino gehen. Du hast gerade große Probleme und möchtest mit
   ihm darüber sprechen.

   _____
   _____

2 Deine Mutter sagt, dass sie mit dir Kleider kaufen will. Du möchtest lieber mit einer Freundin einkaufen
   gehen.

   _____
   _____

3 Deine Freunde wollen in den Ferien mit dir zusammen nach England fahren. Du weißt, dass deine Eltern
   das nicht erlauben.

   _____
   _____

4 Deine Freunde wollen am Nachmittag auf dem Fußballplatz trainieren. Du hast keine Zeit.

   _____
   _____

5 Deine Schwester schlägt vor, dass ihr zusammen einen Sprachkurs in Spanien macht. Du hast keine
   Lust dazu.

   _____
   _____

Modul Sprechen

B Übungen zu Sprechen Teil 3

1 Wie löst man Probleme?

Du willst mit deiner Partnerin / deinem Partner etwas planen. Aber es gibt dabei einige Probleme.
Spiele die Übungen mit einer Partnerin / einem Partner.
Macht Notizen, danach sollt ihr frei sprechen.
Ihr könnt die Wörter im Auswahlkasten benutzen.

Beispiel

0 Ihr wollt zusammen lernen. Wo könnt ihr euch treffen?
   Deine Partnerin / Dein Partner wohnt im Zentrum. Du wohnst etwas außerhalb.

   U-Bahn – zum Marktplatz • zu mir nach Hause • spät abends / nur einmal pro Stunde fahren •
   um 19:00 Uhr fertig

Beispiel mögliche Lösung:

▲ *Vielleicht kannst du mit der U-Bahn zum Marktplatz kommen. Da treffen wir uns und gehen zu mir nach Hause.*

● *Ja, das geht, aber spät abends fährt die U-Bahn nur noch einmal pro Stunde.*

▲ *Das stimmt, aber ich glaube, dass wir um sieben fertig sind.*

1 Deine Partnerin / Dein Partner will am Sonntag mit dir eine Fahrradtour machen.
   Dein Fahrrad ist leider kaputt.

   zum See fahren • Spaß haben • mit dem Fahrrad gefallen • Vater ... reparieren • nächstes Wochenende

2 Ihr sollt zusammen ein einfaches Essen machen.
   Du kannst ziemlich gut kochen. Deine Partnerin / Dein Partner hat überhaupt keine Ahnung.

   Spaghetti mit Tomatensoße und Fleischbällchen • einkaufen • Salat waschen • vorbereiten • den Tisch
   fertig machen

3 Ihr wollt zusammen ein neues Handy kaufen.
   Du brauchst möglichst schnell ein neues Handy. Deine Partnerin / Dein Partner weiß alles über Handys,
   aber sie/er hat nur am Samstag Zeit.

   wann? • im Internet informieren • im Elektromarkt fragen • Sonderangebote • nächste Woche • treffen

4 Ihr wollt Tandem-Partner werden.
   Du hast gute Noten in Englisch. Deine Partnerin / Dein Partner ist die/der Beste in Mathematik.

   zusammen lernen • helfen • 1 Stunde Mathe – 1 Stunde Englisch • nicht viel Zeit / wann? • wo? •
   wie oft?

Modul Sprechen

2 Mache Vorschläge.

Am letzten Schultag wollt ihr mit der Klasse zusammen feiern. Jetzt sammelt ihr eure Ideen.
Was kannst du vorschlagen?

Überlege dir, was du antworten möchtest. Sprich die Sätze zuerst, schreibe danach.

Wo und wann?

_____

Wen einladen?

_____

Etwas zu essen machen?

_____

Etwas zu trinken mitbringen?

_____

Ausstellung mit Fotos und Texten?

_____

Musik?

_____

3 Bist du einverstanden? Oder nicht?

Du planst mit einer Freundin / einem Freund einen Ausflug am Wochenende.
Du sollst auf die Vorschläge reagieren wie im Beispiel.

Sprich die Antworten zuerst, schreibe danach.

Beispiel:

0 Wir haben schon lange keinen Ausflug mehr gemacht. Hast du Lust zum Baden?

   Ja, ich finde, das ist ein guter Vorschlag.
   Ich möchte gern mitkommen, wenn das Wetter gut ist.

a An diesem Wochenende haben wir tolles Wetter. Wir können am Samstag mit dem Fahrrad
   zum Badesee fahren.

   _____
   _____
   _____
   _____

b Wir haben ja noch das Rad von meinem großen Bruder. Das kannst du bestimmt leihen.

   _____
   _____
   _____

c Ich habe eine Idee: Ich nehme das Zelt mit und wir schlafen am See!

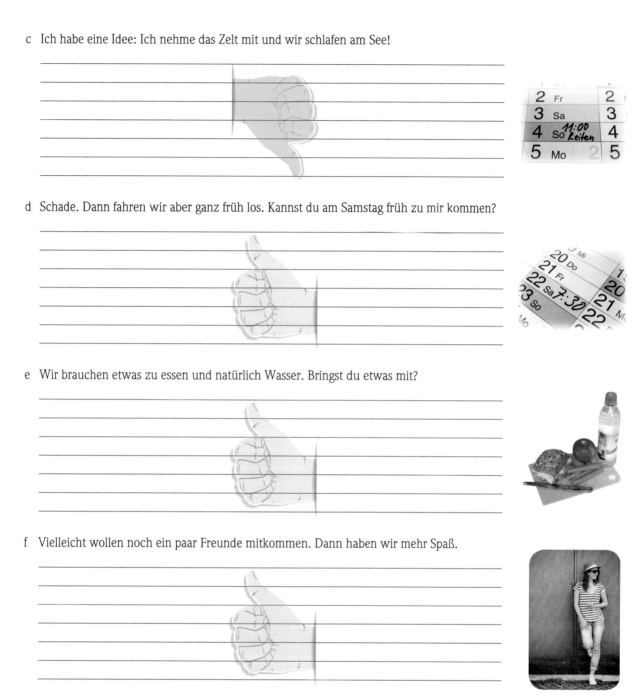

d Schade. Dann fahren wir aber ganz früh los. Kannst du am Samstag früh zu mir kommen?

e Wir brauchen etwas zu essen und natürlich Wasser. Bringst du etwas mit?

f Vielleicht wollen noch ein paar Freunde mitkommen. Dann haben wir mehr Spaß.

g Gut. Ich frage auch noch Peter. Den magst du doch auch gern, oder?

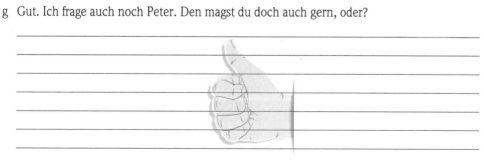

C Training zu Sprechen Teil 3

Ihr bekommt zwei verschiedene Aufgabenblätter zum gleichen Thema.
Ihr habt 20 Sekunden Zeit zum Lesen. Löse die folgenden
Aufgaben zusammen mit einer Partnerin / einem Partner.

💡 *Tipp*

Wie lange braucht ihr für diese Aktivität?
Wann könnt ihr euch treffen?
Welche Aktivität kann man vielleicht
verschieben?

1 Ihr wollt am Samstag zusammen ein neues
Computerspiel probieren. Findet einen Termin.

Partnerin/Partner A	Partnerin/Partner B
11:00 lange schlafen!	11:00 Paket von der Post holen
12:00 Einkaufen	12:00 –
13:00 –	13:00 Besuch bei Großmutter
14:00 bei Sofie anrufen	14:00 –
15:00 Mathe lernen	15:00 –
16:00 Mathe lernen	16:00 Basketball
17:00 –	17:00 Basketball
18:00 Kino mit Felix	18:00 –
19:00 Kino mit Felix	19:00 Treffen mit Kati

💡 *Tipp*

2 Ihr wollt in dieser Woche
am Abend zusammen ins Kino gehen.
Findet einen Termin.

Wann hast du frei? Wann hat deine Partnerin /
dein Partner frei? Welche Aktivität kann man vielleicht verschieben?

Partnerin/Partner A	Partnerin/Partner B
Montag → 19:00 Fitnessklub	Montag → ???
Dienstag → 17:30 Spanischkurs!	Dienstag → 18:00 Volleyball
Mittwoch → ???	Mittwoch → 19:00 Essen bei Großeltern
Donnerstag → 18:30 Spanischkurs	Donnerstag → 17:00 Einkaufen mit Claudia
Freitag → 18:00 Fitnessklub	Freitag → ???
Samstag → ???	Samstag → 21:00 Party bei Georg

3 Ihr wollt am Sonntag einen Ausflug machen.
Jetzt plant ihr, was ihr zusammen unternehmen
wollt.

Tipp

Was möchtest du gern machen?
Was möchte deine Partnerin / dein Partner
gern machen?
Benutzt alle Vorschläge.
Antwortet auf die Vorschläge der Partnerin /
des Partners.
Findet eine Lösung.

Partnerin/Partner A	Partnerin/Partner B

Tipp

4 Ihr wollt in dieser Woche an einem
Nachmittag zusammen Tennis spielen.
Findet einen Termin.

Wann hast du frei? Wann hat deine Partnerin /
dein Partner frei? Welche Aktivität kann man vielleicht verschieben?

Partnerin/Partner A	Partnerin/Partner B
Montag → 15:00 Hausaufgaben mit Monika	Montag → am Nachmittag einkaufen
Dienstag → 16:00 Training	Dienstag → 15:00 Café Eisler mit Claudia
Mittwoch → nachmittags im Garten arbeiten	Mittwoch → ???
Donnerstag → 16:00 Training	Donnerstag → 17:00 Treffen mit Max
Freitag → 15:00 Hausaufgaben mit Monika	Freitag → 16:00 Tanzschule
Samstag → ???	Samstag → nachmittags Fahrrad reparieren

Redemittelliste

Redemittel: „Fragen zur Person"

Einkaufen

sich für Mode interessieren
… gern anziehen
Kleidung selbst kaufen
mit der Freundin / dem Freund einkaufen gehen
sportliche/formelle Kleidung mögen
Was denkst du über Marken-Kleidung?

Essen/Trinken

… zum Frühstück essen / trinken
… besonders gern essen
Was ist dein Lieblingsessen?
selbst kochen
Rezepte lesen
kein Fleisch / … essen
Bio-Produkte kaufen
gesund essen

Familie/Freunde

einen Bruder / Geschwister / zwei Schwestern /
    … haben
etwas mit der Familie/zusammen machen
die Hausarbeit machen
für die Familie einkaufen/kochen/waschen
Geburtstag haben/feiern
etwas mit den Freundinnen/Freunden zusammen
    machen
mit Freundinnen/Freunden zusammen einkaufen
    gehen / …
die beste Freundin / den besten Freund beschreiben
Taschengeld bekommen
vom Taschengeld bezahlen
Mit wem bist du gern zusammen?

Freizeit

ein Hobby haben
etwas am liebsten machen
Pläne für die Ferien / für den Abend haben
etwas am Wochenende / am Abend / in den Ferien /
    … machen
Wohin möchtest du am liebsten reisen?
von einer Reise erzählen
Was hast du am letzten Wochenende gemacht?

Medien

mit dem Handy telefonieren
mit anderen Jugendlichen chatten
Hausaufgaben am Computer machen
etwas im Internet suchen
gern Computerspiele machen
Computerspiele gut finden
Musik gut finden/mögen
Bücher/Zeitungen lesen / interessant finden
Filme/Serien gern sehen / spannend finden
fernsehen
Welche Filme/Serien findest du gut?
Wie lange bist du pro Tag im Internet?

Schule

Abitur machen / mit der Schule fertig sein
Hausaufgaben machen
einen Lehrer besonders gern mögen
etwas im Unterricht gut finden
Fremdsprachen lernen
ein Lieblingsfach haben
morgens in die Schule kommen
Was gefällt dir in der Schule gut / gar nicht?
Was willst du machen, wenn du mit der Schule
    fertig bist?
Wie viele Schüler sind in deiner Klasse?

Wohnen

ein / kein eigenes Zimmer haben
Wie sieht dein Zimmer aus?
In meinem Zimmer steht ein Stuhl / liegt ein Tep-
    pich / steht eine Lampe / gibt es viele Bilder / …
Tiere gern haben
einen Garten / ein Haustier haben
Wie ist deine Telefonnummer?
Wo möchtest du gern wohnen?

Redemittel: „von sich erzählen"

Einkaufen/Mode

die Kleidung selbst kaufen/machen/wählen
gern moderne/sportliche Sachen anziehen
mit Freundinnen shoppen/einkaufen gehen
Markenkleidung toll / zu teuer finden
Mode interessant/langweilig finden
viel / sehr wenig Geld für Kleidung ausgeben
sich elegante/teure Kleidung wünschen
Wo/Wann soll man sich besonders gut anziehen?

Familie / Arbeiten im Haus

sehr gut kochen/backen
gern / am liebsten essen
das eigene Zimmer selbst aufräumen
im Garten arbeiten
eine Party vorbereiten/feiern
mit der Familie zusammen essen
Freunde mit nach Hause bringen
sich mit jemandem manchmal/oft/nie streiten
über die Ferien diskutieren
etwas erlauben/verbieten
um Erlaubnis bitten

Ferien/Reisen

ins Jugendcamp fahren
einen Ferienkurs machen
eine Fremdsprache lernen
mit Freunden eine Fahrradtour machen
reiten / segeln / Tennis spielen lernen
eine Schiffsreise machen
Ferien auf dem Campingplatz machen
mit den Eltern / mit Freunden verreisen
etwas Neues sehen
neue Freunde kennenlernen
zu Hause bleiben
für die Schule lernen

Freizeit/Unterhaltung

Freunde treffen/besuchen
ein Computerspiel spielen
Lieblingsserien/Filme sehen
im Internet chatten
in die Stadt gehen
in den Klub/Verein gehen
Sport machen
Tennis/Fußball/Volleyball spielen
Musik hören/machen
ein Blog schreiben
Bücher/Zeitschriften lesen

Natur/Umwelt

die Natur lieben
den Müll trennen
Tiere gern haben
sich einen Hund / eine Katze wünschen
gern im Wald wandern
sich für Pflanzen und Blumen interessieren
lieber in der Stadt / auf dem Land wohnen
Kann ein Hund / eine Katze in der Wohnung leben?

Schule/Ausbildung

gut finden / Spaß haben / mögen
gute/schlechte Noten haben
vor dem Zeugnis / der Prüfung Angst haben
eine Klassenarbeit schreiben / eine Prüfung machen
Gruppenarbeit machen
sich auf eine Prüfung/Klassenarbeit vorbereiten
eine Ausbildung zum/r ... -Fachmann/-frau machen
Ich will Chemie/Physik/Fremdsprachen/
    ... studieren.
Arzt/Lehrerin/Bankkaufmann/... werden
gern mit Kindern/Tieren/Menschen arbeiten
gern / nicht gern am Computer / im Freien arbeiten

Sport/Gesundheit

laufen/joggen/wandern/trainieren
Sport/Gymnastik/Yoga machen
ins Fitness-Center / in die Sporthalle / zum Training
    gehen
einen Termin beim Arzt / Zahnarzt haben
Kopf-/Hals-/Bauchschmerzen haben
krank/gesund sein/werden
gesund/ungesund/falsch essen
verletzt sein
im Krankenhaus sein

Tagesablauf

jeden Tag / an den Schultagen / am Wochenende
morgens/mittags/abends
am Vormittag / am Nachmittag
wenn ich in der Schule bin / wenn ich nach Hause
    komme
in der Pause
nach dem Mittagessen / vor dem Frühstück
immer/meistens/oft/manchmal/nie

Redemittel: „zusammen etwas planen"

etwas vorschlagen

Ich schlage vor, dass …
Ich habe eine Idee.
Wir können auch …
Am besten machen wir das so: …
Ich möchte einen Vorschlag machen.
Ich möchte lieber …
Ich finde es besser, wenn wir …

nach der Meinung fragen

Bist du damit einverstanden?
Bist du damit einverstanden, dass …
Wie denkst du darüber?
Was meinst du?
Findest du das gut?
Gefällt dir der Vorschlag?
Sollen wir das so machen?

einen Vorschlag gut finden

Ich finde das gut/richtig.
Ich glaube, das ist eine gute Idee.
Ich bin auch deiner Meinung.
Das denke ich auch.
Ja, das können wir so machen.
Ich finde deinen Vorschlag gut.
Ich bin einverstanden.
Wunderbar, so machen wir das.
Die Idee gefällt mir.

einen Vorschlag nicht gut finden

Ich finde das nicht so gut/falsch.
Ich glaube, das ist keine gute Idee.
Das möchte ich lieber nicht.
Ich meine, wir können auch …
Das ist eine gute Idee, aber …
Nein, das geht nicht.
Ich finde den Vorschlag nicht gut.
Ich bin nicht einverstanden.
Die Idee gefällt mir nicht.

das Besprochene zusammenfassen

Also, dann treffen wir uns am Montag/… /
    am Abend um 19:00 Uhr / … in der Stadt /
    im Café / vor dem Rathaus / …
Also, dann kommst du am Sonntag /… um 19:00 Uhr
    zu mir …
Gut, dann komme ich am Samstag / … um … Uhr
    zu dir …
… und wir kaufen zusammen das Geschenk für …
… und wir lernen zusammen für die Prüfung /
    Mathematik / …
… und wir machen/kochen zusammen die
    Vorspeise / …

Simulation der Prüfung „Goethe-Zertifikat A2, Fit in Deutsch"

Lesen
30 Minuten

Dieser Prüfungsteil hat vier Teile.

Du **liest** eine E-Mail, Informationen und Artikel aus der Zeitung und dem Internet.
Für jede Aufgabe gibt es nur **eine** richtige Lösung.

Schreib deine Lösungen zum Schluss auf den **Antwortbogen**.

Wörterbücher und Mobiltelefone sind **nicht** erlaubt.

Teil 1

Du liest in einer Zeitung diesen Text.
Wähle für die Aufgaben 1 bis 5 die richtige Lösung a, b oder c.

Zwölfjähriger gewinnt Koch-Wettbewerb.

Tim Wieland zeigt stolz drei japanische Kochmesser, die er gerade gewonnen hat.

In der Fürstenberg-Schule bleiben viele Schüler zum Mittagessen in der Schule, weil sie nachmittags an Arbeitsgruppen teilnehmen. Das Essen in der Schulmensa darf nicht teuer sein. Das Essen kam im letzten Jahr aus einer Großküche und die Schüler mussten nur 3,20 Euro bezahlen, aber die meisten waren sehr unzufrieden. Tim sagt, dass sie fast immer Nudeln oder Kartoffeln gegessen haben.

Tims Vater hat mit dem Schulleiter und anderen Eltern gesprochen. Dann haben einige Lehrer und Schüler eine Arbeitsgruppe „Jugend kocht" eröffnet. Da hat Tim natürlich mitgemacht. Das Essen in der Schule sollte ja besser werden.

Schließlich haben sich auch die Leute im Rathaus für das Problem interessiert. Die Schule hat eine eigene Küche und einen Koch bekommen. Das Mittagessen ist jetzt etwas teurer, aber es gibt jeden Tag Gemüse oder Salat, oft auch Fleisch oder Fisch, und es schmeckt wirklich gut. Das sagt jedenfalls Tim.

Am Ende des Schuljahres kam dann noch der Wettbewerb: Die TeilnehmerInnen mussten ein Mittagessen für 4 Euro kochen. Wir fragen Tim, was er gekocht hat. „Mein Lieblingsessen: Eine spanische Tortilla mit Salat und danach Schokoladenmousse".

Beispiel:

0   Die Zeitung schreibt über Tim Wieland, weil er …
   a ☐ ein berühmter Koch ist.
   b ☒ einen Preis bekommen hat.
   c ☐ Probleme mit seinen Lehrern hat.

1   Viele Schüler essen mittags in der Schule, weil …
   a ☐ ihre Eltern nicht zu Hause sind.
   b ☐ sie später noch Unterricht haben.
   c ☐ sie das Essen probieren wollen.

2   Das Mittagessen in der Fürstenberg-Schule …
   a ☐ hat den Schülern im letzten Jahr gut gefallen.
   b ☐ war im letzten Jahr sehr billig.
   c ☐ haben die Schüler im letzten Jahr selbst gekocht.

3   Tim interessiert sich fürs Kochen, weil …
   a ☐ ihm das Essen in der Schule nicht geschmeckt hat.
   b ☐ sein Vater von Beruf Koch ist.
   c ☐ er eine neue Arbeitsgruppe gesucht hat.

4   Die Arbeitsgruppe „Jugend kocht" wollte erreichen, dass …
   a ☐ alle Schüler kochen lernen.
   b ☐ das Essen in der Schule besser wird.
   c ☐ in der Schule mehr Wettbewerbe stattfinden.

5   Beim Wettbewerb sollten die Schüler …
   a ☐ ein Gericht ohne Fleisch kochen.
   b ☐ ein neues Rezept ausprobieren.
   c ☐ ein preiswertes Essen machen.

Teil 2

Du bist auf einer Veranstaltung in der Schule und liest das Programm.
Lies die Aufgaben 6 bis 10 und den Text. Welcher Ort passt?
Wähle die richtige Lösung a, b oder c.

Beispiel:

0 Du interessierst dich für Fotografie.
    a ☐ Raum 11
    b ☒ Raum 14
    c ☐ anderer Ort

6 Du möchtest gern ein Jahr in England
   zur Schule gehen.
    a ☐ Raum 12
    b ☐ Raum 13
    c ☐ anderer Ort

7 Du möchtest Spanisch lernen.
    a ☐ Raum 13
    b ☐ Raum 14
    c ☐ anderer Ort

8 Du spielst gern Volleyball. Du möchtest das
   noch besser lernen.
    a ☐ Raum 11
    b ☐ Raum 15
    c ☐ anderer Ort

9 Du möchtest japanisches Essen probieren.
    a ☐ Raum 12
    b ☐ Raum 13
    c ☐ anderer Ort

10 Du willst mit deiner Familie im Zelt Urlaub machen.
    a ☐ Raum 11
    b ☐ Raum 15
    c ☐ anderer Ort

ITAS – Internationale Tourismus-Ausstellung für Schüler

Raum 11
– Jugendhotels an der Adria
– die schönsten Campingplätze in Europa
– Yogaferien auf La Gomera
– Ferien auf dem Segelschiff

Raum 12
– Ostsee-Kreuzfahrt: Russland, Finnland und Baltikum
– Sprachkurse weltweit
– Programme für den Austausch von Schülern und Studenten
– Fahrradtouren in Deutschland

Raum 13
– Café
– Informationsstand
– 10:00 Film: „Mit dem Fahrrad durch die Mongolei"
– Mittags: Afrika und Asien laden zu Tisch!
– 16:00 Film: „Ein Jahr als Austauschschülerin in Australien"

Raum 14
– 10:00 Vortrag: Klassenreisen gut geplant
– Fotoausstellung: Reiseziele für Jugendliche
– 15:00 Diskussion: „Mit der Klasse unterwegs"

Raum 15
– Segelkurse auf dem Ammersee
– Trainingscamps: Reiten, alle Arten Ballsport, Tennis, Kunstturnen
– Ballettschulen und Tanzkurse

Teil 3

Du liest eine E-Mail.
Wähle für die Aufgaben 11 bis 15 die richtige Lösung a, b oder c.

Hallo Jule,

bald bist du mit der Schule fertig. Nur noch zwei Monate, du Glückliche! Und ich muss noch ein ganzes Jahr warten. Hast du Angst vor der Prüfung? Du bekommst bestimmt in allen Fächern tolle Noten. Wie sehen deine Pläne aus? Ich weiß, du willst in Hannover studieren und bei deinen Eltern in Wolfsburg wohnen.

Aber ich habe eine bessere Idee:

Am letzten Wochenende war ich bei meinem Bruder in Berlin. Jule, das war wunderbar! Natürlich hat Michi keine eigene Wohnung, er ist ja noch Student; er wohnt in einer ziemlich großen Wohnung zusammen mit drei anderen Jungen. Ich konnte da übernachten, weil einer von seinen Freunden verreist war. Eigentlich wollte ich in die Jugendherberge gehen, aber so war es natürlich viel einfacher.

Ich hatte ja nicht viel Zeit, aber wir haben ganz viel gemacht: eine Radtour zum Wannsee (mit Baden!), ein Picknick im Tiergarten, einen Besuch im Bundestag, einen Abend im Tanzklub. Michi war am Montag sehr müde und hat gesagt, ich soll bitte, bitte wieder abfahren! Er braucht Ruhe zum Lernen, sagt er, aber ich sehe das anders: Ich denke, man kann viel besser lernen, wenn man viel Spaß hat.

Du bist meine beste Freundin, Jule. Wir können zusammen an die Universität in Berlin gehen! Wir finden bestimmt eine Wohnung, ich habe schon ein paar gute Ideen, ruf mich heute Abend an, dann reden wir darüber.

Bis später
Katrin

11 Katrin sagt, dass …
   a ☐ Jule eine gute Schülerin ist.
   b ☐ Jule gerade die Schule beendet hat.
   c ☐ sie selbst auch bald aus der Schule kommt.

12 Jule will …
   a ☐ an der Universität in Berlin studieren.
   b ☐ in der Nähe von ihrer Heimatstadt studieren.
   c ☐ ganz neue Pläne machen.

13 Katrins Bruder …
   a ☐ wohnt in Berlin und ist sehr oft auf Reisen.
   b ☐ teilt sich eine Wohnung mit anderen Studenten.
   c ☐ wollte, dass sie in der Jugendherberge wohnt.

14 Katrin hat in Berlin …
   a ☐ viel mit ihrem Bruder diskutiert.
   b ☐ gemerkt, dass sie gern dort leben möchte.
   c ☐ viel Zeit zum Lernen gehabt.

15 Katrin schlägt ihrer Freundin vor, dass …
   a ☐ sie über einen neuen Lebensplan diskutieren sollen.
   b ☐ sie für ein Wochenende nach Berlin fahren sollen.
   c ☐ Jule sie am Abend besuchen soll.

Teil 4

Sechs Jugendliche suchen auf der Homepage ihrer Schule verschiedene Angebote. Lies die Aufgaben 16 bis 20 und die Anzeigen a bis f. Welche Anzeige passt zu welcher Person? Für eine Aufgabe gibt es keine Lösung. Markiere so ☒. Die Anzeige zu dem Beispiel kannst du nicht mehr wählen.

Beispiel:

  0 Susan hat eine schlechte Note in Englisch. Sie sucht Hilfe. $\boxed{c}$

16 Niklas möchte am Nachmittag zusammen mit anderen Schülern lernen.   ☐

17 Josefine möchte Italienisch lernen, das gibt es in der Schule nicht.   ☐

18 Georg sucht ein Biologiebuch für die 10. Klasse.   ☐

19 Karla braucht Geld, sie möchte mit jüngeren Schülern arbeiten.   ☐

20 Alex hat jahrelang Comics gesammelt. Die will er jetzt verkaufen.   ☐

---

a Nachhilfe-Ring
Die Organisation „Schüler unterrichten Schüler" braucht unbedingt mehr Leute. Wenn ihr in der Schule gute Noten habt, und wenn ihr am Nachmittag euer Taschengeld aufbessern wollt, dann schickt eine E-Mail an:
nachhilfering@igs.wolfsheim.de

b Tauschbörse
Wir helfen euch, wenn ihr eure alten Schulbücher verkaufen wollt oder wenn ihr die Schulsachen für das nächste Jahr billig einkaufen wollt. Lehr- und Arbeitsbücher für alle Fächer!   www.tauschbörse-igs-wolfsheim.de

c Tandempartner gesucht
Studentin aus London sucht eine/n Partner/in für den Austausch von Sprachunterricht. Ich bin als Au-pair-Mädchen für sechs Monate in Hamburg. Wir können zusammen lernen. Ruf mich an: 0171 337659

d Allein ist langweilig
An allen Wochentagen treffen wir uns ab 15:00 Uhr im Jugendzentrum in der Westendstraße.
Wir haben jetzt schon Lerngruppen von der 5. bis zur 12. Klasse. Wenn du bei uns mitmachen willst, melde dich bei Michael: 0176 772138

e Online lernen
Der Online-Trainer hilft bei allen Problemen in den naturwissenschaftlichen und technischen Fächern: Mathematik, Physik, Chemie, Biologie, Technik, Informatik. Einfach beim Online-Trainer anmelden!
www.online-lernen/expert.de

f Schulfest am 16./17.6.
Beim Schulfest im Juni wollen wir auch einen Flohmarkt haben. Ihr könnt einen Stand aufbauen und eure Sachen anbieten. Anmeldung: 0171 993216

Simulation: Lesen

Hören
30 Minuten

Dieser Prüfungsteil hat vier Teile.

Du **hörst** Sendungen aus dem Radio,
Gespräche, Nachrichten auf dem
Anrufbeantworter und Durchsagen.

Lies zuerst die Aufgaben.
Höre dann den Text dazu.

Für jede Aufgabe gibt es nur **eine**
richtige Lösung.

Schreib deine Lösungen zum Schluss
auf den **Antwortbogen.**

Wörterbücher und Mobiltelefone
sind **nicht** erlaubt.

Teil 1

Hören 24 **Du hörst fünf kurze Texte. Du hörst jeden Text zweimal.**
Wähle bei den Aufgaben 1 bis 5 die richtige Lösung a, b oder c.

1 Am Wochenende …
   a ☐ ist es in Norddeutschland warm.
   b ☐ scheint die Sonne nur am Morgen.
   c ☐ ist es nass und kühl.

2 Max …
   a ☐ ist sehr schnell gefahren.
   b ☐ war beim Fahren vorsichtig.
   c ☐ ist gegen ein Auto gefahren.

3 Vera möchte …
   a ☐ wissen, was Petra heute Abend macht.
   b ☐ am liebsten mit T-Shirt und Rock kommen.
   c ☐ ihr neues grünes Kleid anziehen.

4 Peter möchte Anton am Samstag …
   a ☐ zu Hause besuchen.
   b ☐ zum Sport einladen.
   c ☐ noch mal anrufen.

5 Die Jugendlichen können bei Radio Beta …
   a ☐ ein Konzert hören.
   b ☐ Konzertkarten bekommen.
   c ☐ Karten bestellen.

Teil 2

Hören 25 **Du hörst ein Gespräch. Du hörst den Text einmal.**
Was machen die jungen Leute nachmittags in ihrer Freizeit?
Wähle für die Aufgaben 6 bis 10 ein passendes Bild aus a–i.
Wähle jeden Buchstaben nur einmal. Sieh dir jetzt die Bilder an.

	0	6	7	8	9	10
Person	Marcus	Lotte	Bettina	Ralf	Lena	Simon
Lösung	f					

a b c d

e f g h i

Teil 3

▶ Hören 26 **Du hörst fünf kurze Gespräche. Du hörst jeden Text einmal.**
Wähle für die Aufgaben 11 bis 15 die richtige Lösung a, b oder c.

11 Wo treffen sich Paola und Elisa?

a  b  c

12 Was möchte das Mädchen kaufen?

a  b  c

13 Wo arbeitet der Mann?

a  b  c

14 Warum will Linus zum Arzt gehen?

a  b  c

15 Was ist Marcos Lieblingsessen?

a  b  c

Teil 4

▶ Hören 27 **Du hörst ein Interview. Du hörst den Text zweimal.**
Wähle für die Aufgaben 16 bis 20 *Ja* oder *Nein.* Lies jetzt die Aufgaben.

Beispiel:

0   Max interessiert sich für Autos von Volkswagen.   ☒   ☐ Nein

16   Max ist 16 Jahre alt.   ☐ Ja   ☐ Nein

17   Sein Großvater hat die kleinen Autos selbst gebaut.   ☐ Ja   ☐ Nein

18   Max hat für die Autos Geld ausgegeben.   ☐ Ja   ☐ Nein

19   Die Familie hilft Max bei seinem Hobby.   ☐ Ja   ☐ Nein

20   Viele Autos stehen bei seinem Großvater.   ☐ Ja   ☐ Nein

---

Schreiben
30 Minuten

Dieser Prüfungsteil hat zwei Teile.

Du **schreibst** eine SMS und eine
E-Mail.

Schreib deine Texte auf den
Antwortbogen. Schreib bitte deutlich
und **nicht** mit Bleistift.

Wörterbücher und Mobiltelefone
sind **nicht** erlaubt.

Teil 1

Du bist unterwegs zum Stadtzentrum und schreibst eine SMS an deinen Freund Sam.

– Entschuldige dich, dass du zu spät kommst.
– Schreib warum.
– Nenne einen Ort und eine neue Uhrzeit.

Schreibe 20 – 30 Wörter.
Schreibe zu allen drei Punkten.

_____
_____
_____
_____
_____
_____
_____
_____
_____
_____

Teil 2

Du bist neu im Sportverein. Dein Trainer, Herr Joost, lädt dich und andere Jugendliche am Nachmittag zu einem Gespräch ein. Schreibe Herrn Joost eine E-Mail:

– Sage danke und sage, dass du kommst.
– Sage, dass du jemanden mitbringst.
– Frage nach dem Weg.

Schreibe 30 – 40 Wörter.
Schreibe zu allen drei Punkten.

_____
_____
_____
_____
_____
_____
_____
_____
_____
_____

Simulation: Schreiben

135

Sprechen
circa 15 Minuten für zwei Teilnehmende

Dieser Prüfungsteil hat drei Teile.

Du **stellst** deiner Partnerin /
deinem Partner Fragen zur Person
und antwortest ihr/ihm.

Du **erzählst** etwas über dich und
dein Leben.

Du **planst** mit deiner Partnerin /
deinem Partner etwas gemeinsam.

Wörterbücher und Mobiltelefone
sind **nicht** erlaubt.

Teil 1

Du nimmst vier Karten und stellst mit diesen Karten vier Fragen.
Deine Partnerin / Dein Partner antwortet.

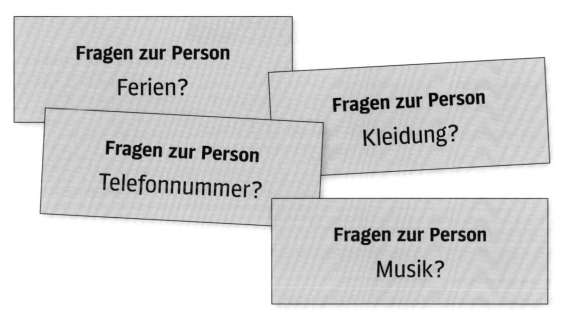

Deine Partnerin / Dein Partner nimmt vier Karten und stellt mit diesen Karten
vier Fragen. Du antwortest auf die Fragen.

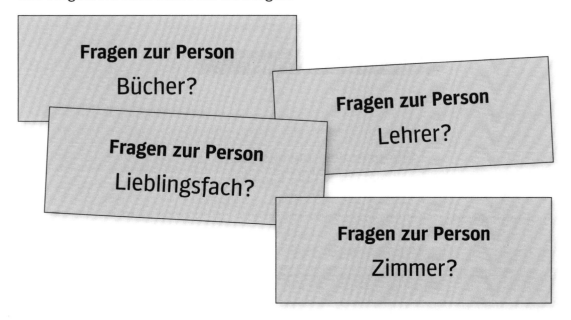

Simulation: Sprechen

Teil 2

Du bekommst eine Karte und erzählst etwas über dein Leben.

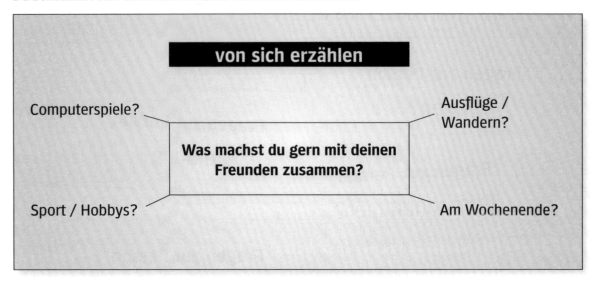

Fragen von der Prüferin / vom Prüfer:

Kannst du etwas über deine beste Freundin / deinen besten Freund erzählen?

Möchtest du auch in den Ferien mit deinen Freunden zusammen sein? Warum? / Warum nicht?

Deine Partnerin / Dein Partner bekommt eine Karte und erzählt etwas über ihr/sein Leben.

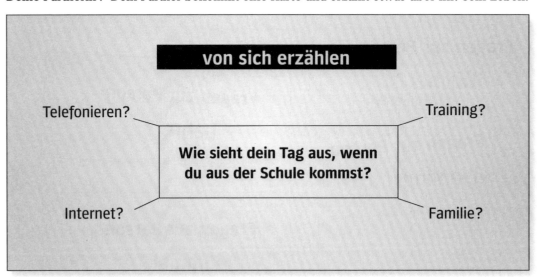

Fragen von der Prüferin / vom Prüfer:

Wie viel Zeit hast du pro Tag für deine Hobbys?

Findest du es wichtig, dass die Familie beim Abendessen zusammen ist?

Teil 3

Ihr wollt am Wochenende zusammen lernen. Findet einen Termin.

Prüfungsteilnehmerin/Prüfungsteilnehmer A

Samstag, 14. Mai	Sonntag, 15. Mai
Vormittag	
• joggen im Wald • frühstücken, Zeitung lesen	• joggen im Wald • Zimmer aufräumen
Mittag	
	• gemeinsames Mittagessen
Nachmittag	
Training in der Sporthalle	• Fahrrad reparieren
Abend	
• Teenie-Chatroom besuchen	

Prüfungsteilnehmerin/Prüfungsteilnehmer B

Samstag, 14. Mai	Sonntag, 15. Mai
Vormittag	
• lange schlafen • Gabi kommt zum Frühstück	• lange schlafen • vielleicht joggen im Park
Mittag	
• ins Fitnesscenter mit Gabi, • später die schwarze Hose im Geschäft „Bennis" probieren	• Mittagessen bei den Großeltern
Nachmittag	
	• Spaziergang mit Familie, Kaffee + Kuchen im Waldcafé
Abend	
• Kino oder Tanzklub? vielleicht Party im Odeon?	• das neue Computerspiel probieren

Lösungen – Modul Lesen

II Lesen Teil 1

A Übungen zum Wortschatz „Schule/Lernen"

1 b Richtig; c Falsch; d Richtig; e Falsch; f Falsch

2 b jung; c dumm; d langweilig; e fleißig; f leicht; g einfach; h kurz; i falsch; j laut; k dunkel; l geschlossen; m schnell; n teuer

3 b 3; c 1; d 2; e 6; f 4

4 1 Woche; 2 gelernt; 3 Deutsche; 4 Deutschland; 5 schön; 6 scheint; 7 Unterricht; 8 dunkel; 9 keine Musik; 10 Brötchen; 11 Universität; 12 Ausflüge; 13 Fahrrad; 14 gebadet; 15 kennengelernt; 16 Jahr; 17 Englisch; 18 freue; 19 langweilig

5 der Test; der Unterricht; der Kurs; der Fehler; die Pause; die Leistung; die Lösung; die Übung; die Lehrerin; die Hausaufgabe

6 1a; 2c; 3c; 4b; 5c

7 **b** Wenn wir früh genug losfahren, können wir mittags am Müggelsee Pause machen. Ich kenne da eine sehr schöne Stelle zum Baden. Und nach dem Schwimmen machen wir ein Picknick am Strand. Wenn das Wetter nicht so gut ist, fahren wir nach Köpenick und gehen in das Museum beim Schloss.

B Übungen zu Lesen Teil 1

1 **a** 1 – Zeile 3; 2 – Zeilen 5/6; 3 – Zeilen 5, 7; 4 – Zeilen 8/9

   b 1 Richtig; 2 Falsch; 3 Richtig; 4 Falsch; 5 Falsch

2 b Das ist falsch. c Er ist nicht einverstanden. d Er weiß, was er tun will. e Das stimmt. f Er hat seine Meinung gesagt.

   g Er ist fleißig. h Das möchte er gern.

3 **a** 1 b; 2 c; 3 c

   b Sie machen sehr aufregende Sachen. Es hat beiden Schwestern Spaß gemacht.

4 **a** b

   b b: Michael möchte Sportjournalist werden.

   c a: Das Training macht Spaß, aber zu den Spielen fahren ist wichtiger. c: Es ist nicht der beste Verein, aber das ist mir egal.

C Training zu Lesen Teil 1

1 1 a; 2 c; 3 b; 4 c; 5 b

2 1 c; 2 c; 3 a; 4 b; 5 b

III Lesen Teil 2

A Übungen zum Wortschatz „Freizeit/Unterhaltung"

1 *Mögliche Lösungen:* b Ich wandere gern. c Ich spiele Tennis. d Ich schwimme gern. e Ich gehe oft ins Kino. f Ich tanze gern. g Ich treffe meine Freunde. h Ich sehe manchmal fern. i Ich lese Fantasy-Bücher. j Ich fahre viel mit dem Fahrrad. k Ich gehe im Park spazieren. l Ich mache Computerspiele.

2 1 Strand; 2 Rucksack; 3 Wald; 4 Café; 5 Radio; 6 Theater; 7 Berge; 8 Katze; 9 Hund – Lösungswort: Rad fahren

3 a 5; b 7; c 6; d 1; e 4; f 2; g 3

4 1 b; 2 c; 3 a; 4 a; 5 b; 6 c

5 **Julia**: 12. Klasse; Einkaufen, Shoppen; im Stadtzentrum; mit Freundinnen **Philipp**: wenig Hausaufgaben; Computerspiele; zu Hause; mit seinem Freund **Gertrud**: 10. Klasse; Klavierspielen; kochen; zu Hause; mit ihrem Vater **Jan**: Englisch und Erdkunde nicht so gut; Fußball spielen; im Sportverein; mit Fußballfreunden

6 a Richtig; b Falsch; c Richtig; d Richtig; e Falsch; f Falsch

7 b Vielleicht kannst du etwas vorschlagen? c Nein, ich bin schon verabredet. d Er ist krank. e Ich bastele gern. f Nein, am Mittwoch um drei habe ich Klavierunterricht.

B Übungen zu Lesen Teil 2

1 a 3A Touristen-Information; 4B Freizeit-Ausstellung; 1C Rathaus

   b A: Führung im Dom, im Alten Schloss; B: Radsport, Ferien, Jugendreisen; C: Wohnsitz, Personalausweis

2 a b

   b **in der Aufgabe**: Rucksack kaufen; **im Text**: Sportartikel, Taschen

3 a 2 Informationen über Hamburg, Stadtplan; 3 Computerspiele

   b **Für unsere Jüngsten**: CDs zum Zuhören **Sachbücher**: Reiseführer

   c 1 b; 2 b; 3 c

4 a b Italienisch lernen; c Konzert hören

   b zu a: aus dem 19. Jahrhundert, Urania 1744; zu b: Italienische Spezialitäten, Bruno Bernini; zu c: mit Musik

C Training zu Lesen Teil 2

1 1 a; 2 b; 3 c; 4 b; 5 c

2 1 a; 2 a; 3 b; 4 c; 5 a

IV Lesen Teil 3

A Übungen zum Wortschatz „Körper/Gesundheit"

1 1 der Kopf; 2 das Gesicht; 3 das Auge; 4 der Mund; 5 der Zahn; 6 der Hals; 7 der Arm; 8 die Hand; 9 der Bauch; 10 das Bein; 11 der Fuß; 12 der Rücken

2 a gesund; b schlecht; c stark; d leer; e sauer (bitter); f klug (intelligent); g kalt (kühl); h draußen; i dünn (schlank); j arm; k jung (neu); l hässlich; m klein

3 b Richtig; c Richtig; d Falsch; e Falsch; f Falsch

4 1 krank; 2 Arzt; 3 Erkältung; 4 schlecht; 5 Halsschmerzen; 6 Kopf; 7 huste; 8 Appetit; 9 Bett; 10 Filme; 11 besuchen; 12 Schule; 13 Hausaufgaben; 14 Handy

5 1 b; 2 c; 3 b; 4 a; 5 a; 6 c

6 a Guten Tag, ich glaube, ich habe eine Grippe. b Ich glaube ja, ich fühle mich so heiß. c Mein Kopf tut sehr weh. d Ja, gestern war das auch schon so. e Nein, aber können Sie mir bitte ein Rezept geben? f Ja, gut.

B Übungen zu Lesen Teil 3

1 sich entschuldigen – 3; jemandem danken – 1; jemanden einladen – 2

2 a 3; b 4; c 1; d 5; e 2

3 a 2; b 3; c 1; d 3; e 5; f 2; g 4; h 4

4 1 c–a = falsch: Sie wohnen für eine Woche bei Benni; b = falsch. Sie möchten unsere Stadt sehen. 2 a–b = falsch: Der Trainer weiß nichts von Marvin; c = falsch: Benni will telefonieren, nicht der Trainer

C Training zu Lesen Teil 3

1 1 c; 2 a; 3 c; 4 b; 5 b

2 1 b; 2 a; 3 b; 4 c; 5 c

V Lesen Teil 4

A Übungen zum Wortschatz „Essen/Trinken"

1 *Mögliche Lösung:* **Frühstück**: b die Marmelade; c der Käse; d die Butter; e das Müsli; f das Obst; g der Joghurt; h das Ei; s die Milch; t der Orangensaft; k die Wurst; w der Kaffee; x der Tee; **Mittagessen**: i der Fisch;

j das Fleisch; l das Hähnchen; n der Hamburger; o die Pommes frites; q die Nudeln; p der Reis; r die Suppe; u die Pizza; m das Mineralwasser; c der Käse; k die Wurst; f das Obst; h das Ei; v das Gemüse; w der Kaffee

2 1 Kartoffeln; 2 Messer; 3 Glas; 4 Gabel; 5 Löffel; 6 Wurst – Lösungswort: Teller

3 *Mögliche Lösung:* a Ich esse lieber …; b Zum Frühstück esse ich gern …; c Ich trinke gern …; d Nein, ich esse lieber …; e Ich mag lieber …; f Am liebsten esse ich …

4 b 6; c 1; d 3; e 2; f 7; g 4

5 b Nein, die esse ich nicht so gern. c Ich esse kein Fleisch. d Was ist denn in dem Salat? e Und was kostet der Salat? f Ja, eine Cola. g Okay, ich nehme die Cola und den Nudelsalat.

6 Dialog 1: b; Dialog 2: d; Dialog 3: a

7 1 Geburtstag; 2 Eltern; 3 Osterferien; 4 Tante; 5 Lieblingscafé; 6 Kuchen; 7 gegangen; 8 Kleid; 9 Sommerhose; 10 sieht; 11 Geschenk; 12 schade; 13 Spaß; 14 treffen; 15 ruf

B Übungen zu Lesen Teil 4

1 a D

b A: Berichte im letzten Schuljahr; B: Sweatshirts, Trainingsanzüge; C Abfahrt am 22. März

2 b Du fühlst dich in einer Bibliothek wohl. c Du hast keine Angst vor einem Interview mit Fremden. d Du möchtest gern auf meinen Hund aufpassen. e Du hast gute Fremdsprachenkenntnisse. f Du kannst nur am Samstag und Sonntag arbeiten. g Du möchtest in einem Sommercamp arbeiten.

3 a c: www.donauschiffe.de

b auf dem Wasser; nach Wien und zurück; Abfahrt 9.20; Rückkehr 19:30

4 a Anzeige b

b Kleidung für Damen; Träume in rosa und grün; anprobieren

C Training zu Lesen Teil 4

1 1 f; 2 a; 3 b; 4 x; 5 c

2 1 d; 2 e; 3 f; 4 b; 5 x

Lösungen – Modul Hören

II Hören Teil 1

A Übungen zum Wortschatz „Kommunikation/Medien"

1 b das Buch, der Computer, das Fernsehen, das E-Book, das Internet, das Handy, das Radio, das Smartphone, die DVD, der MP3-Player, die Zeitung

2 *Mögliche Lösungen:* **mit Freunden chatten:** Internet; **lesen:** Buch, E-Book, Zeitung, Smartphone; **telefonieren:** Handy, Smartphone; **Filme sehen:** Fernsehen, Computer; **Musik-DVDs sehen:** Fernsehen, Computer, Smartphone, Internet; **sich informieren:** Radio, Fernsehen, Smartphone, Internet, Zeitung, Buch; **Musik hören:** Radio, MP3-Player, Internet, Smartphone; **E-Mail schreiben:** Internet, Smartphone; **SMS-Schreiben:** Handy, Smartphone; **Nachrichten hören:** Radio, Smartphone

3 1 Ich benutze oft mein Smartphone und Internet. 2 Wir chatten, schreiben SMS und E-Mails und telefonieren manchmal. 3 Ich benutze sie jeden Tag mindestens zwei Stunden. 4 Überall, zu Hause und unterwegs.

4 *Mögliche Lösungen:* **Blog:** schreiben, lesen, haben, erzählen; **Brief:** schreiben, lesen, schicken; **Fernsehen:** sich informieren, (Filme/Sendungen) sehen; **Internet:** surfen, googeln, sich informieren, benutzen; **Laptop/Computer:** benutzen, sich informieren, spielen; **Radio:** hören, sich informieren; **Telefon:** anrufen, sprechen; **E-Book:** lesen, benutzen; **Zeitung:** lesen, sich informieren; **Homepage:** haben, lesen, sehen, googeln; **Smartphone:** googeln, schreiben, sprechen;

5 1 Antworte; 2 informieren; 3 geschrieben; 4 bestellen; 5 telefoniert; 6 surfe; 7 spielen; 8 erzählen

6 1 im Fernsehen; 2 in einer SMS; 3 in einer E-Mail; 4 im Radio; 5 auf dem Anrufbeantworter; 6 im Radio; 7 in einer Durchsage

7 1 f, 2 g, 3 a, 4 b, 5 c, 6 d, 7 e

B Übungen zu Hören Teil 1

1 a 4; b 3; c 5; d 2; e 6; f 1

2 1 Radio; 2 Anrufbeantworter; 3 Anrufbeantworter; 4 Kaufhaus; 5 U-Bahn; 6 Kaufhaus

3 a 1 am Ende; 2 in der Mitte; 3 am Anfang

   b 1 Richtig; 2 Falsch; 3 Falsch; 4 Richtig; 5 Richtig

4 a aber dann habe **ich ein hellgrünes** mit schwarzen Punkten **genommen**.

   b Warum ist a falsch? Ab heute dürft ihr eure Fahrräder … <u>nicht mehr</u> auf dem Schulhof abstellen. Warum ist b falsch? <u>Die Motorroller</u> parkt ihr bitte auf dem Parkplatz beim Rathaus. Warum ist c richtig? Stellt die Fahrräder unter das Dach <u>bei der Schule</u>, auf der <u>linken Seite</u>.

5 1 a; 2 c; 3 c

C Training zu Hören Teil 1

1 1 a; 2 c; 3 b; 4 b; 5 b

2 1 a; 2 a; 3 b; 4 c; 5 b

III Hören Teil 2

A Übungen zum Wortschatz „Einkaufen/Tagesablauf"

1 a+b der Supermarkt; das Brötchen; das Mittagessen; die Kasse; die Flasche; der Eingang; die Bäckerei; die Apotheke; der Fisch; das Gemüse; der Kiosk; das Mineralwasser; der Preis

   c 1 einkaufen; 2 bezahlen; 3 nehmen; 4 auspacken; 5 billig; 6 teuer; 7 kochen; 8 kosten

2 1 eingekauft; 2 Supermarkt; 3 Mittagessen; 4 kochen; 5 ausgepackt; 6 bezahlt; 7 Brötchen; 8 Supermarkt; 9 billig; 10 Flaschen; 11 Kasse; 12 Tasche

3 a – Ja; b – Nein; c – Ja; d – Nein; e – Ja; f – Ja; g – Ja; h – Nein; i – Ja; j – Ja; k – Nein

4 a Er steht jeden Morgen um 7:00 Uhr auf. b Zuerst wäscht er sich und dann zieht er sich an. c Er ist 5 bis 7 Stunden dort. d Er trifft sie im Stadtzentrum. e Ja, er muss die Küche aufräumen. f Um 19:00 Uhr. g Manchmal geht er mit seiner Freundin ins Kino. h Er spielt Computerspiele und schwimmt sehr gern.

5 a Falsch; b Falsch; c Richtig; d Richtig; e Richtig; f Falsch

6 b; a; e; c; d

B Übungen zu Hören Teil 2

1 1 Gespräch; 2 Gespräch; 3 Radioansage; 4 Nachricht auf dem Anrufbeantworter

2 **etwas vorschlagen:** Wollen wir in die Stadt fahren? – Wollen wir heute Tennis spielen? – Wir können morgen nach Bremen fahren, was meinst du? – Lass uns doch in den Zoo gehen! – Ich möchte die Picasso-Ausstellung sehen, kommst du mit? **einverstanden sein:** Wunderbar, ich möchte einkaufen. – Ich bin dafür, ich mache gern Sport. – Prima, das ist eine schöne alte Stadt. – Gern, aber dann gehen wir auch zu den Fischen. – Oh ja, ich liebe moderne Kunst. **nicht einverstanden sein:** Immer nur Geschäfte, das ist langweilig. – Das ist keine gute Idee, wir haben gestern schon gespielt. – Ach nein, die Fahrt dauert zwei Stunden. – Ich bin dagegen, da ist es so traurig, die armen Tiere. – Ich habe schon Lust, aber das Museum ist zu teuer.

3 a aber ich muss … ans Meer; c in diesem Sommer nicht. d ich fahre lieber nach Italien; f das … im Herbst machen.

4 a 5; b 2; c 6; d 4; e 1; f 3

C Training zu Hören Teil 2

1

	0	1	2	3	4	5
Person	Peter	Klaus	Karina	Stefan	Maria	Bettina
Lösung	a	c	d	f	g	h

2

	0	1	2	3	4	5
Person	Großvater	Dirk	Anna	Onkel Paul	Ingo	Dirks Mutter
Lösung	b	e	f	c	i	h

IV Hören Teil 3

A Übungen zum Wortschatz „Reisen/Verkehr"

1 a 2 Flugzeug; 3 Fahrrad; 6 U-Bahn; 8 Bus; 9 Motorroller; 10 Schiff; 11 Auto; 12 Straßenbahn; 13 Polizeiauto
 b Verkehrsmittel

2 1 Ich nehme das Motorrad, wenn das Wetter gut ist. … wenn ich ins Grüne fahre. 2 Ich fahre mit dem Bus, wenn es regnet. 3 Ich fahre mit dem Fahrrad zur Arbeit, weil man auch Bewegung braucht. …, wenn das Wetter gut ist. 4 Ich nehme das Flugzeug, wenn ich im Ausland Urlaub mache. 5 Ich nehme das Auto, wenn es regnet. …, wenn ich einkaufen muss. 6 Ich gehe gern zu Fuß, weil man auch Bewegung braucht. …, wenn das Wetter gut ist.

3 1 Ich bin ans Meer gefahren. 2 Mit meiner Schwester Sina. 3 Ende Juli. 4 An der Südküste von Spanien. 5 Es hat mir sehr gut gefallen. 6 Ein nettes Mädchen aus Kiel. 7 Zwei Wochen.

4 **Wohin?** Ich möchte im Sommer ans Meer fahren. – Ich möchte nach Italien fahren. – Ich möchte in die Türkei fahren. – Ich möchte an den Strand. – Ich möchte auf eine Insel fahren. – Ich möchte aufs Land fahren. **Wo?** Ich war in den Bergen. – Ich war am Meer. – Ich war auf dem Land. – Ich war am Strand. – Ich war in der Türkei.

5 a 1 Hause; 2 unterwegs; 3 Reise; 4 Radtour; 5 gefahren; 6 Autobahn; 7 Verkehr; 8 Programm; 9 Pension; 10 geschlafen; 11 Gepäck; 12 Tasche; 13 Strand; 14 getanzt; 15 besichtigen 16 Ferien
 b 1 An die Nordsee. 2 Mit seinem Bruder. 3 Zwei Wochen. 4 Mit dem Bus. 5 In einer Jugendherberge. 6 Sie haben in vielen Klubs getanzt.

6 1 Letzten Sommer; 2 In den Ferien; 3 Zu Ostern; 4 Am Wochenende; 5 Im Winter; 6 Nächste Woche

B Übungen zu Hören Teil 3

1 a+b **positive Aussagen:** Ja gut, ich nehme das. – Es ist in Ordnung. – Das mache ich gern. – Auf jeden Fall kommen wir heute. – Ich bin einverstanden. – Das ist klar. – Das ist sicher. – Wir holen es ganz sicher. – Das ist okay. **negative Aussagen:** Er hat <u>nichts</u> gekauft. – Leider kann ich heute <u>nicht</u> kommen. – Es ist <u>nicht</u> möglich. – Das nehme ich bestimmt <u>nicht</u>. – Sie wird sicher <u>nicht</u> um 11:00 Uhr hier sein. – Ich habe heute Nacht <u>keine</u> Minute geschlafen. – Ich habe es <u>nicht</u> gefunden. – Das geht auf <u>keinen</u> Fall. – Er hat <u>kein</u> Auto. – Das ist <u>unwahrscheinlich</u>.

2 1 Mit wem bist du heute Abend zusammen? 2 Sei bitte früh wieder da. 3 Ich möchte mit dir morgen über das Treffen sprechen. 4 In der Bahn sind immer viele Menschen. 5 Ich muss nachmittags immer sehr lange für die Schule lernen. 6 Was macht ihr am Abend? 7 Ich habe keine Zeit.

3 a 1 Geschichte – Sport; 2 Arztpraxis – die; 3 Pia – ich; 4 Katja – ich; 5 mein Fahrrad – es; 6 Termin – Donnerstag
 b **Richtig:** 1; 3; 4 **Falsch:** 2; 5; 6
 c **Richtige Information:** 1 Am liebsten mache ich Sport. 2 Die ist im zweiten Stock. 3 Ich habe einen Hamburger genommen. 4 Ich habe S. 5 Es ist fertig. 6 Ist in Ordnung, bis Donnerstag.

4 a 2; b 5; c 7; d 4; e 8; f 9; g 6; h 3; i 1; j kein Satz

C Training zu Hören Teil 3

1 1 c; 2 b; 3 a; 4 c; 5 a

2 1 c; 2 b; 3 a; 4 a; 5 c

V Hören Teil 4

A Übungen zum Wortschatz „Familie/Freunde"

1 1 die Mutter; 2 die Großmutter/Oma; 3 die Tante; 4 die Tochter; 5 die Schwester; 6 die Cousine; 7 die Enkelin

2 1 b; 2 c; 3 a; 4 b; 5 a

3 1 Eltern; 2 Schwester; 3 Mann; 4 Großeltern; 5 Cousins; 6 Cousinen; 7 Familienfeste; 8 Familie

4 1 Mama, ich gehe jetzt zu Marco, wir wollen uns eine DVD ansehen. 2 Klar, aber erst um 18:00 Uhr. Wir gehen dann zusammen hin. 3 Nach dem Training, ich muss für morgen nicht viel lernen. 4 Doch, doch. Keine Angst, in der Schule ist alles in Ordnung.

5 1 neue; 2 sympathisch; 3 kennengelernt; 4 sehr gut; 5 verschieden; 6 ruhiger; 7 gemeinsame; 8 tolle; 9 zusammen; 10 alt; 11 glücklich

6 1 alt; 2 verschieden; 3 aktiv; 4 unsympathisch; 5 unfreundlich; 6 alt; 7 dumm; 8 langweilig; 9 allein; 10 getrennt

7 **a** Frieda – d; Herr Wilmers – b; Sebastian – a; Annika – c

    b 1 Sie haben eine Klassenfahrt gemacht. 2 Sebastian. 3 Er ist sympathisch. 4 Er ist ein sportlicher Typ. 5 Auf der Rückreise.

B Übungen zu Hören Teil 4

1 **a** 1 Sie heißt Beate. 2 Sie ist 18 Jahre alt. 3 Sie wohnt in Bochum. 4 Sie arbeitet bei Streber. 5 Seit September. 6 Sie verdient 700 Euro. 7 Sie bezahlt ihre Buskarte, kauft sich Klamotten, geht mit Freunden aus.

    b 1 Er heißt Thomas. 2 Er ist 16 Jahre alt. 3 Er lebt in Frankfurt. 4 Musik hören, Schlagzeug und Gitarre spielen. 5 Mit zwei Freunden. 6 In der Garage seines Großvaters. 7 Er möchte im Ausland studieren.

2 Tennisbälle – 5. Etage; Elektroabteilung – 4. Stock; Neue Jeans und T-Shirts – 2. Etage; Einkauf – Supermarkt

3 **a**

Person	Christoph	Marta	Marlene	Julia	Jan	Jonas
Lösung	a	f	c	d	b	e

    b 1 Falsch; 2 Richtig; 3 Richtig; 4 Richtig; 5 Falsch

4 a – Nein; b – Nein; c – Ja; d – Ja; e – Nein; f – Ja; g – Ja; h – Ja; i – Nein

C Training zu Hören Teil 4

1 1 – Nein; 2 – Ja; 3 – Nein; 4 – Nein; 5 – Nein

2 1 – Ja; 2 – Nein; 3 – Ja; 4 – Nein; 5 – Ja

Lösungen – Modul Schreiben

II Schreiben

A Übungen zu den Redemitteln

1 **a** 1 in einem Haus; 2 im ersten Stock; 3 Zimmer; 4 kleine Geschäfte; 5 ein Obstladen; 6 kaufen; 7 Garage; 8 mit großen Bäumen; 9 in der Nähe; 10 Verkehr; 11 fahren

    b *Persönliche Lösung*

2 *Mögliche Lösungen:* 1 Wir treffen uns am besten am Wochenende um 10:00 Uhr in der Stadt. 2 Können wir uns nächsten Dienstag um 15:00 Uhr an der Bushaltestelle treffen? 3 Wir sehen uns nach der Schule um 14:00 Uhr bei mir. 4 Geht es bei dir am Freitag um 20:00 Uhr im Klub? 5 Treffen wir uns vielleicht heute Abend um 19:00 Uhr vor dem italienischen Restaurant? 6 Können wir uns morgen um 17:00 Uhr auf dem Tennisplatz treffen?

3 A Das macht bestimmt Spaß. B Wir können uns am Samstag um 10:00 Uhr am Busbahnhof treffen. C Hast du am Wochenende Zeit? D Wir können dann mittags eine Pizza bei mir essen. E Ich möchte mit dir schwimmen gehen. F Von dort fahren wir zusammen mit dem Bus zum Schwimmbad. C – E – B – F – D – A

4 **a** 1 a; 2 b; 3 d; 4 c

  b 1 b; 2 c; 3 d; 4 a; 5 e

  c 1 c; 2 e; 3 a; 4 b; 5 d

5 **a** 1 Ich kann leider nicht kommen, weil ich noch für Mathematik lernen muss. 2 Wir kommen sicher zu spät, weil wir den Bus verpasst haben. 3 Ich kann nicht mit euch fahren, weil ich meinen Ausweis verloren habe. 4 Ich muss zu Hause bleiben, weil ich krank bin. 5 Am besten treffen wir uns im Café, weil es so stark regnet. 6 Ich bin sehr müde, weil ich zwei Stunden gejoggt habe.

5 **b** 1 Ich habe Halsschmerzen, deshalb bleibe ich lieber zu Hause. 2 Ich muss heute Nachmittag zum Gitarrenunterricht, deshalb kann ich nicht zum Training kommen. 3 Ich habe bis ein Uhr Unterricht, deshalb kann ich erst um halb zwei auf dem Sportplatz sein. 4 Mein Sprachkurs beginnt morgen, deshalb muss ich das Kursbuch noch kaufen.

6 1 Danke, es sieht toll aus und es passt genau. Bild e; 2 Ich bin froh, dass ich jetzt wieder pünktlich sein kann. Bild c; 3 Auf den Film freue ich mich sehr. Bild f; 4 Die Musik mag ich besonders gern. Bild b; 5 Ich liebe die Bücher von J.K.Rowling. Schön, dass du an mich gedacht hast. Bild a; 6 Das ist super. Damit mache ich richtig gute Bilder. Bild d

B Übungen zu Schreiben Teil 1

1 1 Für die Einladung bedanke ich mich herzlich. / Herzlich bedanke ich mich für die Einladung. 2 Leider finde ich das nicht so interessant. / So interessant finde ich das leider nicht. 3 Morgen kann ich leider nicht kommen. / Leider kann ich morgen nicht kommen. 4 Am besten telefonieren wir noch heute Abend. / Heute Abend telefonieren wir noch am besten. 5 Auf keinen Fall will ich ein neues Fahrrad kaufen. / Ein neues Fahrrad will ich auf keinen Fall kaufen. 6 Jeden Tag stehen wir um 7:00 Uhr auf. / Um 7:00 Uhr stehen wir jeden Tag auf. 7 Um 18:00 Uhr treffen wir uns am Rathaus. / Am Rathaus treffen wir uns um 18:00 Uhr. 8 Früher habe ich Comics gelesen. /Comics habe ich früher gelesen. 9 Im Winter gehe ich nicht gern im Park spazieren. / Im Park gehe ich im Winter nicht gern spazieren.

2 *Mögliche Lösungen:* 1 Morgens stehe ich immer um 7:00 Uhr auf. 2 Zum Frühstück trinke ich meistens Milchkaffee. 3 Ich spiele zweimal pro Woche mit meinen Freunden Fußball. 4 Einmal am Tag esse ich zusammen mit meiner Familie. 5 Ich hole meine kleine Schwester oft von der Schule ab. 6 Wir machen manchmal zusammen Computerspiele. 7 Ich fahre nur selten mit dem Bus nach Hamburg. 8 Ich gehe fast nie mit meinem Freund Christian ins Kino.

3 Liebe Anna,

   am Samstag komme ich für drei Tage nach Berlin. Können wir uns vielleicht treffen? Dann kannst du mir doch ein paar Sehenswürdigkeiten zeigen. Ich lade dich auch zum Mittagessen ein. Gefällt dir die Idee? Antworte bitte bald.
   Liebe Grüße Patrizia

4 Hallo Peter,

   kann ich zwei Wochen bei dir *wohnen*? Ich *mache* einen Deutschkurs in Hannover. Die Schule *liegt* direkt neben deiner Wohnung. Du *weißt*, ich *bin* ordentlich und *putze* auch jeden Tag das Bad. Abends kann ich immer für uns *kochen*. Nudeln und Pommes frites mache ich besonders gut. *Antworte* mir bitte bald. Toll, wenn das klappt.
   Viele Grüße Matthias

5 **a** **Anrede – Freunde und Familie**: Hallo Marcus; Hi Ulli; Lieber Jonas; Liebe Julia **Bekannte, Erwachsene, Personen, die du nicht kennst**: Liebe Frau Prahl; Sehr geehrter Herr Müller; Lieber Herr Schmidt; Sehr geehrte Frau Wagner

  b **Grußformel – Freunde und Familie**: Tschau Beate; Bis bald Klaus; Liebe Grüße Franziska; Tschüs Nora; Viele Grüße Tobi **Bekannte, Erwachsene, Personen, die du nicht kennst**: Mit freundlichen Grüßen Paul Schröder; Viele Grüße Ewald Stein; Viele Grüße Tobi

6 b *Mögliche Lösung:* Hi, ich kann leider nicht kommen. Ich muss für die Schule lernen. Ich will keine schlechten Noten bekommen.

   c *Mögliche Lösung:* Hi, ich komme gern. Ich habe keine Pläne für den Abend. Meine Schwester kommt auch. Wann treffen wir uns?

C Training zu Schreiben Teil 1

a *Mögliche Lösung:* Hi, kannst du heute um 15:00 Uhr zum Sportplatz kommen? Wir können dort eine Stunde laufen und dann ins Schwimmbad gehen. Hast du Lust? Mein Bruder ist auch dabei.

b *Mögliche Lösung:* Hallo, entschuldige bitte, aber ich komme leider zu spät. Ich habe den Bus verpasst. Warte bitte, dann sehen wir uns den Film um 20:00 Uhr an? OK?

c *Mögliche Lösung:* Hi, ich bin jetzt im Café am Marktplatz. Wollen wir am Nachmittag eine Stunde im Park spazieren gehen? Vielleicht von 16:00 bis 17:00 Uhr? Hast du Lust? Antworte bitte bald.

d *Mögliche Lösung:* Hallo, ich kann heute leider nicht in die Schule kommen, weil ich Halsschmerzen und Fieber habe. Können wir uns vielleicht am Samstag treffen? Hast du Zeit?

III Schreiben Teil 2

A Übungen zu den Redemitteln

1 a 1 b; 2 a; 3 d; 4 c; 5 f; 6 e – Foto c

   b 1 c; 2 e; 3 f; 4 a; 5 b; 6 d – Foto a

   c 1 c; 2 a; 3 d; 4 b; 5 f; 6 e – Foto b

2 1 Vielen Dank für die Einladung. 2 Ich bedanke mich für Ihre E-Mail. 3 Herzlichen Dank für das Geschenk. 4 Danke für die lieben Glückwünsche. 5 Shakespeare ist wunderbar, ich danke Ihnen. 6 Die Fotos sind toll. Vielen Dank.

3 a **Die Einladung passt:** 1 Ich danke dir für die Einladung und komme bestimmt. – 3 Vielen Dank für die Einladung, ich komme gern. – 6 Ich danke Ihnen und freue mich schon. – 7 Tolle Idee, bis Sonntag. – 11 Das ist super, vielen Dank. – 12 Das ist sehr lieb von Ihnen, ich komme gern. **Die Einladung passt nicht:** 2 Leider kann ich nicht kommen. – 4 Das geht leider nicht. – 5 Das ist sehr schade, aber ich kann leider nicht kommen. – 8 Ich bin über das Wochenende leider in Köln. – 9 Da kann ich leider nicht, mein Vater feiert seinen Geburtstag. – 10 Es tut mir leid, dass ich nicht kommen kann.

   b 1 A; 2 A, B; 3 A, B; 4 A, B; 5 A, B; 6 B; 7 A; 8 A, B; 9 A, B; 10 A, B; 11 A; 12 B

4 a 1 die Einladung; 2 komme gern; 3 tolle Idee; 4 mitbringen; 5 mache ich; 6 meinst; 7 Bis Samstag

   b 1 gedacht haben; 2 nicht kommen; 3 Es geht; 4 ihren Geburtstag; 5 zu Hause; 6 alle Freunde

5 1 E: Es tut mir leid, aber es ging nicht früher. 2 A: Es tut mir leid, ich habe sie zu Hause gelassen. 3 F: Entschuldige bitte, aber ich weiß nicht, wo er ist. 4 B: Entschuldigung, ich hatte gestern wirklich keine Zeit. 5 D: Ich möchte mich entschuldigen, ich musste noch lernen. 6 C: Entschuldigung, leider kann ich nur an diesem Tag kommen.

6 1 Wo ist das Café? 2 Wie komme ich zum Schwimmbad? 3 Wo finde ich den Jugendklub? 4 Wie komme ich zum Museum? 5 Wo wohnst du / wohnen Sie? 6 Wie weit ist das?

7 1 Gehe / Gehen Sie hier geradeaus, dann die zweite Straße rechts. Da ist der Jugendklub. 2 Gehe / Gehen Sie hier geradeaus. Die erste Straße links ist die Schumannstraße.

8 a *Mögliche Lösungen:* 1 Wollen wir nächste Woche ins Kino gehen? Passt es dir am Freitag um 20:00 Uhr? Wir können uns vor dem Kino treffen. 2 Ich möchte mit dir Tennis spielen. Hast du Lust? Vielleicht heute Nachmittag um 17:00 Uhr? Dann treffen wir uns auf dem Tennisplatz. 3 Wollen wir am Abend zusammen Musik hören? Hast du Lust? Wir können uns um 21:00 Uhr bei mir treffen. 4 Ich möchte mit dir einkaufen gehen. Passt es dir heute um 16:00 Uhr? Wir können uns an der Bushaltestelle treffen. 5 Wollen wir zusammen ins Schwimmbad gehen? Passt es dir am Montag um 15:00 Uhr? Wir können uns in der Kirchstraße treffen und dann zusammen ins Schwimmbad gehen.

b 1 Am Dienstag habe ich leider keine Zeit, weil ich am Schulkonzert teilnehme. 2 Ich kann heute doch nicht ins Theater gehen. Mein Cousin ist zu Besuch gekommen. 3 Können wir den Termin verschieben? Ich muss leider am Dienstag in der Schule sein. 4 Ich möchte den Ausflug verschieben, weil das Wetter so schlecht ist. 5 Leider kann ich am Mittwoch nicht in Hamburg sein. Geht es am Donnerstag?

B Übungen zu Schreiben Teil 2

1 1 heute Nachmittag; 2 zuerst; 3 am Wagnerplatz; 4 danach; 5 ein paar; 6 um 18:00 Uhr; 7 nach dem Abendessen

2 1 Entschuldigen; 2 komme; 3 verpasst; 4 nehme; 5 hoffe; 6 treffen können; 7 muss – 8 erzählen; 9 gibt; 10 Antworten

3 1 ein Gebirge; 2 auf die Karte; 3 für das Café; 4 im Auto; 5 im Buch; 6 im Garten

4 1 an den; 2 zum; 3 im; 4 aus; 5 im; 6 ans

5 **Du-Form:** Liebe Paola; Hallo Karin; Hi David; Lieber Max; Tschüs Birk; Alles Gute deine Amelie; Liebe Grüße
Sie- Form: Sehr geehrte Frau Mittag; Lieber Herr Fisch; Mit freundlichen Grüßen Ilse Müller; Beste Grüße Jens Weber; Viele Grüße Manuel

6 Liebe Frau Behrmann,
wie geht es Ihnen? Seit zwei Tagen bin ich wieder in Kassel und ich möchte Sie gern am Mittwoch treffen. Geht das? Ich möchte mit Ihnen über das Schulfest sprechen. Ich habe ein paar Vorschläge. Vielleicht gefallen sie Ihnen auch. Sagen Sie mir bitte, wo ich Sie treffen kann.
Viele Grüße Petra Schmidt

C Training zu Schreiben Teil 2

a *Mögliche Lösung:* Lieber Herr Fichte,
vielen Dank, dass Sie an mich gedacht haben. Leider kann ich nicht zu dem Treffen kommen, weil ich einen Termin beim Zahnarzt habe. Die Gruppe interessiert mich sehr. Ich möchte gern zum nächsten Treffen kommen.
Viele Grüße …

b *Mögliche Lösung:* Sehr geehrter Herr Henning,
vielen Dank für die Einladung, ich komme gern. Soll ich vielleicht etwas mitbringen, einen Nudelsalat oder Orangensaft?
Und schreiben Sie mir bitte, wie ich in den Gartenweg 12 komme.
Beste Grüße …

c *Mögliche Lösung:* Liebe Katja, liebe Familie Krause,
ich möchte dich und deine Eltern zu Kaffee und Kuchen einladen. Wir können bei mir im Garten sitzen, meine Eltern sind auch da. Wir wohnen in der Wiesenstraße 12. Das ist gleich die erste Straße hinter dem Rathaus. Wir freuen uns, wenn Sie kommen.
Liebe Grüße …

d *Mögliche Lösung:* Liebe Familie Horst,
vielen Dank für das tolle Essen und den schönen Abend. Die Gespräche mit Ihnen waren sehr interessant. Meine Eltern und ich wandern nächsten Sonntag auf dem Fuchsberg. Haben Sie Zeit? Dann können wir zusammen wandern. Das macht bestimmt Spaß.
Beste Grüße …

Lösungen – Modul Sprechen

II Sprechen Teil 1

A Übungen zu Redemitteln: „Fragen zur Person"

1 a 5; b 2; c 3; d 8; e 6; f 7; g 4; h 1

2 2 a; 3 b; 4 h; 5 g; 6 c; 7 d; 8 f

3 *Beispiel:* 0 Machst du Sport? 1 Wann machst du Abitur? 2 Was bezahlst du von deinem Taschengeld? 3 Was machst du in deiner Freizeit? 4 Welche Pläne hast du für die Ferien? 5 Was machst du am Wochenende? 6 Kannst du deine Freundin beschreiben?

4 1 Wie viele Schüler sind in deiner Klasse? 2 Welche Fremdsprachen lernst du in der Schule? 3 Reis mit Gemüse ist mein Lieblingsessen. 4 Wohin möchtest du am liebsten reisen? 5 Telefonierst du viel mit dem Handy? 6 Zum Frühstück esse ich ein Brötchen mit Butter und Obst. 7 Welche Computerspiele findest du gut? 8 Nach dem Abitur möchte ich für ein Jahr nach England gehen.

5 a 1 Wohin; 2 Wie lange; 3 Welche; 4 Was; 5 Warum; 6 Was für; 7 Was; 8 Wer
Mögliche Lösungen: 1 Wo bist du am liebsten im Urlaub? 2 Wann sitzt du am Computer? 3 Welchen Artikel findest du gut? 4 Wie viel Taschengeld bekommst du? 5 Woher kommt euer Fleisch? 6 Wie sehen deine neuen Kleider aus? 7 Wie findest du den Unterricht? 8 Wen ladet ihr oft zum Essen ein?

6 *Mögliche Lösungen:* 1 Ich habe ein Zimmer mit meinem Bruder zusammen. Es ist groß, es gibt zwei Fenster und einen Balkon. Mein Schreibtisch mit dem Computer steht am Fenster. In dem Zimmer sind zwei Betten, ein großer Schrank und viele Bücherregale. 2 Ich kann zu Fuß gehen, die Schule ist nicht weit. / Ich fahre mit dem Bus, die Fahrt dauert 30 Minuten. 3 Ich habe zwei Hobbys: Ich fotografiere sehr gern und ich sammle Comics. Ich habe sehr viele Hefte von Asterix und von Corto Maltese. Ich mag aber auch die Watchman-Reihe sehr gern. Manchmal finde ich alte Hefte im Internet. Die kaufe ich von meinem Taschengeld. 4 Ich war zu Hause, habe morgens lange geschlafen und ein paar Computerspiele probiert. Am Sonntag ist mein Freund gekommen und wir haben ein bisschen für die Schule gelernt. 5 Mein Lieblingsfach ist Chemie, das finde ich interessant. Sport gefällt mir gut, und in Mathe habe ich gute Noten, das mag ich also auch. Nur in Fremdsprachen bin ich nicht so gut. Englisch ist okay, aber mit Französisch habe ich Probleme. 6 Ich habe ein paar gute Computerspiele. Wenn ich spiele, dann dauert das natürlich eine oder zwei Stunden. Natürlich suche ich oft Informationen im Internet, für die Schule oder für die Freizeit und meine Hobbys. Ich denke, meistens bin ich zwei Stunden pro Tag online. 7 Ich möchte gern ein paar Freunde zum Essen einladen. / Ich möchte eine Party / einen Ausflug mit meinen Freunden machen. 8 Ja, Mode ist für mich sehr wichtig. Ich habe aber nicht genug Geld für teure Markenkleider. Ich mache deshalb vieles selbst, meine Mutter hilft mir dabei. / Nein, ich finde Mode langweilig. Ich mag am liebsten Jeans, T-Shirts und Pullover. Ich brauche bequeme, sportliche Kleidung. 9 Bei uns kocht meistens mein Vater. Der kocht sehr gut. Ich finde gutes Essen sehr wichtig. Ich verstehe deshalb nicht, dass so viele Jugendliche nur Hamburger und Pizza essen. 10 Nein, ich bekomme nicht genug Taschengeld. Telefonieren ist sehr teuer und ich habe wenig Geld fürs Kino z. B. Aber Kleidung muss ich nicht selbst bezahlen, die kaufen meine Eltern.

B Übungen zu Sprechen Teil 1

1 a d

    b *Mögliche Lösungen:* 1 Was machst du gern im Fitness-Center? Was findest du langweilig? 2 Welche Zeitschriften findest du interessant? Warum? 3 Was machst du meistens mit dem Laptop? 4 Warum wanderst du gern? 5 Wie hast du mit dem Tanzen angefangen? 6 Was siehst du gern im Fernsehen? 7 Möchtest du gern einen Hund haben? Warum (nicht)? 8 Was kannst du selbst kochen? Wie macht man das? 9 Kannst du von deiner Familie erzählen? 10 Was isst du gern, wenn ihr ins Restaurant geht?

2 b *Mögliche Lösungen:* a Liest du gern? Welche Bücher gefallen dir? b Welches Computerspiel magst du am liebsten? Warum gefällt es dir so gut? c Gehst du oft zum Joggen? Was findest du daran gut? d Gehst du gern einkaufen? Mit wem machst du das am liebsten? Warum? e Kaufst du Bio-Obst? Findest du, dass diese Produkte besser sind? f Benutzt du dein Smartphone oft? Was gefällt dir gut beim Smartphone?

    c a Ich lese ziemlich viel, am liebsten mag ich Reisegeschichten. b Ich mag Dragon Age. Es ist aufregend und interessant. Die Geschichte ist ziemlich kompliziert, aber sehr spannend. c Ich habe nicht oft Zeit, ich laufe nur am Wochenende. Es gefällt mir, wenn ich draußen in der Natur bin. d Ich gehe mit meinen Freundinnen ins Stadtzentrum. Wir können nicht viel kaufen, weil wir zu wenig Geld haben. Wir probieren die Kleider und haben viel Spaß. e Wir kaufen keine Bio-Produkte. Ich glaube nicht, dass z. B. Bio-Eier besser sind. Sie sind nur viel teurer. f Ich benutze das Smartphone den ganzen Tag. Ich habe damit immer Kontakt zu meinen Freunden.

3 a ~~gestern~~ – jeden Tag / ~~kenne~~ – mag

b ~~ärgere~~ – interessiere / ~~nehme~~ – kaufe / ~~suche~~ – gehe

c ~~Klasse~~ – Familie / ~~Autos~~ – Onkeln / ~~Freunde~~ - Eltern

4 *Mögliche Lösungen::* 1 Welche Musik magst du am liebsten? 2 Warst du schon auf einem Konzert mit den Fanta4? 3 Hast du auch noch andere Hobbys? 4 Was liest du jetzt gerade? 5 Gehst du gern in die Schule? 6 Welches ist dein Lieblingsfach? 7 Welche Fremdsprachen lernst du in der Schule? 8 Warst du schon mal in England? 9 Kommst du morgen wieder in den Chatroom?

C Training zu Sprechen Teil 1

1 Du stellst Fragen. *Mögliche Lösungen:* Was hast du am letzten Wochenende gemacht? | Was isst du gern zum Frühstück? | Wie lange brauchst du meistens für die Hausaufgaben? | Möchtest du in einem Haus mit Garten wohnen?

2 Du antwortest auf die Fragen deiner Partnerin / deines Partners. *Mögliche Lösungen:* Welche Musik magst du gern? – Ich höre immer Rock-Musik. Am liebsten mag ich Freddy Mercury und Oasis. | Wann benutzt du das Internet? – Eigentlich den ganzen Tag. Ich chatte und tausche Fotos mit meinen Freunden. | Welche Fremdsprachen kannst du? – Ich spreche gut Englisch und jetzt lerne ich auch noch Deutsch. | Hast du viele Geschwister? – Nein, ich habe nur einen Bruder.

3 Du stellst Fragen. *Mögliche Lösungen:* Wie oft triffst du deine Freunde? | Habt ihr zu Hause ein Haustier? | Welche Kleidung magst du am liebsten? | Machst du viel Sport?

4 Du antwortest auf die Fragen deiner Partnerin / deines Partners. *Mögliche Lösungen:* Hast du Angst vor Prüfungen? – Ja, natürlich ein bisschen. Aber jetzt habe ich keine Angst. | Was ist dein Lieblingsessen? – Ich esse am liebsten Fleisch, Gemüse und Kartoffeln. | Wie sieht dein Schulweg aus? – Ich fahre mit dem Fahrrad zur Schule. Das dauert 20 Minuten. | Was willst du in den nächsten Ferien machen? – Ich fahre mit meiner Familie in die Berge.

III Sprechen Teil 2

A Übungen zu Redemitteln: „von sich erzählen"

1 a 4; b 1; c 5; d 6; e 3; f 2

2 1 weckt; 2 Küche; 3 Vor dem Frühstück; 4 morgens; 5 dauert; 6 Meistens; 7 Schule; 8 Wenn ich nach Hause komme; 9 Mittagessen; 10 Familie; 11 mein Bruder; 12 Freizeit

3 b 1; c 2; d 6; e 3; f 7; g 8; h 4

4 1 reiten; 2 laufen; 3 wandern; 4 tanzen; 5 Flohmarkt; 6 Fußball; 7 Fahrrad – Lösungswort: Radtour

5 a 2 Ich interessiere mich auch für Mode. Meine Freundinnen und ich kaufen im Internet ein. b 5 Wir haben einen Fußballverein und es gibt einen tollen Badesee. Im Sommer ist es hier wunderbar. Der Winter gefällt mir nicht so gut. c 6 Ich mache die Hausaufgaben immer mit meinem besten Freund. Er wohnt ganz in der Nähe. d 1 Ja, die sind toll. Die DVDs bekomme ich auch. Es dauert nur etwas länger. e 3 Ich fahre mit dem Bus zur Schule. Im Bus treffe ich meine Freunde, das ist meistens ganz lustig. f 7 Natürlich kann ich immer im Wald laufen. Das mache ich aber nur am Wochenende. g 4 Bei uns gibt es einige Haustiere. Die Katze Minka gehört mir.

6 *Mögliche Lösungen:* d Ich finde das *Jugendcamp für Mädchen* interessant. Ich bin nicht besonders gut in Mathe, aber da möchte ich mitmachen. Eine App fürs Handy machen, das möchte ich lernen! Ich war auch noch nie in Hamburg, das wird bestimmt toll. a Ich liebe Pferde, ich möchte auf den Ponyhof! Ich möchte gern gut reiten lernen. Bestimmt ist es auf der Insel sehr schön. Und man muss nichts bezahlen, nur ein bisschen bei der Arbeit helfen. Das finde ich wunderbar. b Ich gehe lieber zu den Traumtänzern. Ich tanze wirklich sehr gern, aber ich möchte das auch richtig lernen. Am „Tag der offenen Tür" kostet es nichts in der Disco, das ist auch wichtig. c Für mich ist der Ausflug mit dem Schiff am besten: Mit dem Schiff fahren, am Strand sitzen, auf der Insel spazieren gehen. Ich will mich am Wochenende ausruhen. Und ich war noch nie auf Helgoland. Ich möchte gern etwas Neues sehen.

B Übungen zu Sprechen Teil 2

1 a *Mögliche Lösung:* Im letzten Jahr bin ich mit meiner Mutter in den Ferien ans Meer gefahren, nach Warnemünde. Am ersten Tag war ich allein am Strand, meine Mutter wollte schlafen. Ich hatte keine Lust zum Baden und am Strand waren nur Erwachsene. Also wollte ich ein Eis kaufen, weil alles so langweilig war. Am Kiosk habe ich ein Mädchen getroffen. Sie hat gesagt, dass sie Caro heißt und dass sie in Warnemünde wohnt. Ich habe dann auch ihre Freunde kennengelernt. Wir haben ganz viel zusammen gemacht: Wir haben gebadet und Volleyball gespielt, wir waren im Kino und beim Strandfest. Das waren tolle Ferien! Natürlich musste ich am Ende wieder wegfahren, wir waren beide sehr traurig. Aber wir schreiben uns immer SMS und E-Mails. In den nächsten Sommerferien treffen wir uns wieder!

2 *Mögliche Lösungen:* a Am Nachmittag mache ich erst die Hausaufgaben, danach kann ich Computerspiele machen. b Am liebsten bin ich draußen. Ich fahre viel mit dem Fahrrad und ich wandere gern. c In den Ferien habe ich Zeit für meine Hobbys. Dann bin ich gern draußen, zum Joggen oder Spazieren gehen. Ich spiele auch Tennis und ich schwimme viel. d Ich räume mein Zimmer nicht gern auf. Ich will lieber lesen oder fernsehen. Meine Mutter ist dann ärgerlich. Meistens mache ich das am Sonntag. e Am Wochenende gehe ich oft ins Kino. Am Sonntag spiele ich Fußball. f Meine Freunde treffe ich am Wochenende oder am Abend. In den Ferien machen wir zusammen Ausflüge. Mein bester Freund heißt Dario, wir machen zusammen Hausaufgaben.

3 a *Mögliche Lösung:* der Bruder; die Schwester; der Hund; die Eltern; die Großmutter; die Katze – Ich heiße Janosch. Ich wohne mit meiner Familie in einem Haus mit Garten. In diesem Haus wohnen viele Personen. Da sind natürlich meine Eltern und ich habe einen Bruder und eine Schwester. Außerdem haben wir noch einen Hund, er heißt Linus. Meine Großmutter wohnt auch bei uns, sie hat eine Katze.

4 a 2 Richtig; 3 Falsch; 4 Richtig; 5 Richtig; 6 Falsch; 7 Richtig; 8 Richtig

   b *Mögliche Lösung:* 2 Ich finde sie sehr lustig. 3 Sie ist 19 Jahre alt und studiert an der Schauspielschule. 4 Elisabeth mag Farben, am liebsten trägt sie rote Kleider. 5 Sie hat viele Freunde und geht abends oft tanzen. 6 Sie wohnt mit zwei Freundinnen zusammen in einer großen alten Wohnung. 7 Am Abend kocht Elisabeth für sich und ihre Freundinnen. 8 Sie geht gern ins Kino, am liebsten sieht sie Liebesfilme. 9 Sie möchte Spaß haben. Am Wochenende macht sie Ausflüge. 10 Im Urlaub fährt sie ins Ausland und macht Sprachkurse.

   c *Mögliche Lösung:* Elisabeth ist eine sympathische junge Frau. Sie will Schauspielerin werden. Sie interessiert sich für Mode und ihre Hobbys sind Tanzen und Kochen. Seit drei Monaten wohnt sie mit zwei Freundinnen zusammen in einer Wohnung im Stadtzentrum. Abends kocht sie gern, dann essen sie zusammen und gehen später tanzen. Oder sie gehen ins Kino und sehen Liebesfilme. Sie hat viele Freunde, weil sie immer lustig ist und gern Spaß hat. Am Wochenende machen sie lange Ausflüge mit dem Fahrrad oder sie fahren in die Berge zum Wandern. Elisabeth möchte viel von der Welt sehen, deshalb fährt sie im Urlaub ins Ausland. Im letzten Sommer war sie in Mexiko und hat einen Spanischkurs gemacht.

C Training zu Sprechen Teil 2

1 *Mögliche Lösung:* Ich gehe gern in die Schule, meistens finde ich den Unterricht interessant. Am liebsten mag ich die Fremdsprachen, Geschichte finde ich auch toll. Ich möchte gern viele Sprachen verstehen und viel reisen. Ich will Journalist werden und überall auf der Welt Interviews machen. Wenn wir viele Hausaufgaben machen müssen, ärgere ich mich ein bisschen, weil ich dann so wenig Freizeit habe. Ich brauche Zeit für meine Hobbys: Ich lese sehr viel und ich mache gern Sport. Ich jogge jeden Morgen vor der Schule und am Nachmittag möchte ich im Sportverein trainieren. Aber wir müssen ja für die Schule lernen! *Mögliche Antworten:* Nach dem Abitur will ich an die Universität gehen und Kommunikation studieren. Ich will Journalist werden. – Wir lernen in der Schule Englisch, Spanisch und Deutsch. – In der Schule, seit zwei Jahren. Ich habe aber auch einen Kurs an einer Sprachenschule besucht.

2 *Mögliche Lösung:* An Schultagen muss ich sehr früh aufstehen, weil die Fahrt zur Schule so lange dauert. Der Bus kommt um zehn nach sieben, deshalb weckt mein Vater mich um halb sieben. Ich dusche dann schnell und trinke eine Tasse Tee. Ich nehme ein Brötchen und Obst mit, manchmal esse ich im Bus etwas. Wenn ich mittags nach

Hause komme, sind meine Eltern bei der Arbeit, aber meine Mutter macht mir immer das Essen fertig. Ich mache schnell meine Hausaufgaben und danach bin ich mit meinen Freundinnen verabredet. Wir gehen ins Stadtzentrum, probieren Kleider oder sitzen im Café. Beim Abendessen sind meine Eltern immer zu Hause. Nach dem Essen lese ich oder ich mache Computerspiele. *Mögliche Antworten:* Ich bin meistens um zwei oder halb drei zu Hause. – Das ist verschieden. Für die Matheaufgaben brauche ich sehr lange. Aber nach ein oder zwei Stunden bin ich immer fertig. – Ich mache die Aufgaben allein. Nur wenn ich Probleme habe, frage ich eine Freundin.

3 *Mögliche Lösung:* Im letzten Jahr war ich mit meinen Eltern am Meer, das hat mir nicht besonders gefallen. Ich möchte lieber in die Berge fahren. Das finde ich interessanter. Da gibt es Wandergruppen und Bergführer, man lernt viele Leute kennen. Mein Vater macht das auch gern, aber meine Mutter möchte lieber etwas Ruhe, Sonne und Strand haben. Ich möchte gern mit ein paar Freunden wandern. Meine Eltern wollen, dass ich in den Ferien Sprachkurse mache. Dazu habe ich keine Lust, ich weiß also noch nicht genau, was ich in den Ferien mache! *Mögliche Antworten:* – Ich war nur am Wochenende in den Bergen, mit meinem Vater. Wir haben eine lange Tour gemacht und in einem kleinen Haus oben auf dem Berg geschlafen. Das war fantastisch! – Ich war immer mit meinen Eltern in den Ferien. Jetzt möchte ich lieber mit meinen Freunden zusammen sein. – Ich habe noch nie auf einem Campingplatz gewohnt, aber ich habe das natürlich bei Freunden gesehen. Ich glaube, das gefällt mir nicht. Da sind so viele Leute und es gibt wenig Platz.

4 *Mögliche Lösung:* Ich wohne mit meiner Familie in einer ziemlich großen Wohnung mitten in der Stadt. Ich habe ein eigenes Zimmer, meine Schwester auch. Wir haben eigentlich genug Platz, aber ich denke, dass ich lieber in einem Haus mit Garten leben möchte. Ich möchte später mit Freunden zusammenleben: Jeder hat dann ein Zimmer und wir kochen und essen immer zusammen. Wir können vielleicht auch einen Hund haben. Aber ich möchte in der Nähe von einer Stadt wohnen. *Mögliche Antworten:* Ja, ich finde das sehr gut. Wenn man mit Freunden zusammen wohnt, ist das bestimmt lustig. Vielleicht gibt es manchmal Probleme, weil jemand zu laut Musik hört oder so etwas. Aber das ist nicht so schlimm. – Ich glaube, in einem Haus hat man mehr Platz, mehr Möglichkeiten. Vielleicht kann man auch einen Garten haben. – Ich finde mein Zimmer zu Hause gut: Ich habe einen sehr großen Tisch und viele Regale. Ich habe genug Platz für meinen Computer, meine CDs, meine Kleider. Mehr brauche ich nicht.

IV Sprechen Teil 3

A Übungen zu Redemitteln: „zusammen etwas planen"

1 a a 2; b 2; c 1; d 2; e 1; f 2

2 b *Mögliche Lösung:* 2 Vielleicht möchte sie gern eine Konzertkarte, was meinst du? – Die Idee gefällt mir nicht, sie mag keine Musik. 3 Ich denke, ein Rucksack gefällt ihr sicher. – Ja, das ist ein guter Vorschlag, aber sie wandert nicht gern. 4 Ich glaube, sie möchte gern ein Wörterbuch. – Aber nein, das ist viel zu langweilig! 5 Vielleicht wünscht sie sich ein Computerspiel? – Das ist doch viel zu teuer. 6 Wir können ihr eine Halskette schenken. – Damit bin ich nicht einverstanden, sie hat schon so viele Ketten und Ringe. 7 Ich schlage vor, wir kaufen ein Parfüm. – Das ist doch viel zu persönlich. 8 Am besten schenken wir ihr einen Pullover. – Das geht nicht, Paula schenkt ihr schon einen Pullover.

3 *Mögliche Lösung:* 1 Danke für die Einladung, aber können wir vielleicht lieber in ein Café gehen? Ich muss unbedingt mit dir sprechen. 2 Das ist eine gute Idee, ich bin aber schon mit Luisa in der Stadt verabredet. Wir gehen dann auch in ein paar Geschäfte. 3 Ich möchte gern mitfahren. Leider muss ich vorher meine Eltern fragen. Vielleicht sind sie nicht einverstanden. 4 Können wir nicht morgen trainieren? Heute passt es wirklich nicht! 5 Das finde ich nicht interessant. Wir haben doch Ferien! Ich finde es besser, wenn wir in Spanien ans Meer fahren.

B Übungen zu Sprechen Teil 3

1 *Mögliche Lösung:* 1 ● Wollen wir am Sonntag zum See fahren? Wir können bestimmt viel Spaß haben. ▲ Leider bin ich gestern mit dem Fahrrad gefallen. Mein Vater will das Rad am Sonntag reparieren. ● Okay, dann machen wir den Ausflug am nächsten Wochenende. 2 ● Wir können vielleicht Spaghetti mit Tomatensoße machen, ich

glaube, das ist einfach. Ich kann auch noch Fleischbällchen machen. ▲ Wir gehen zusammen einkaufen. Und ich kann den Salat waschen. ● Ja, ich bereite das Essen vor und du machst den Tisch fertig. 3 ● Wann können wir in die Stadt gehen? ■ Wir müssen uns erst im Internet informieren. ● Ich kann auch mal im Elektromarkt fragen, vielleicht gibt es Sonderangebote. ■ Du weißt, ich habe nur am Samstag Zeit. ● Gut, dann treffen wir uns nächste Woche am Samstag. 4 ■ Ich möchte gern mit dir zusammen lernen. Du hilfst mir erst eine Stunde bei den Matheaufgaben, dann üben wir eine Stunde Englisch. ■ Der Vorschlag gefällt mir, aber ich habe nicht viel Zeit. ● Wir können am Samstag lernen, vielleicht zweimal im Monat? ■ Ja, das geht, aber wo wollen wir uns treffen? ● Du kannst zu mir kommen, ich habe ein großes Zimmer.

2 *Mögliche Lösung:* ● Wir können am letzten Schultag in der Klasse feiern. Jeder bringt etwas mit. ■ Ja, das geht, aber wir müssen auch unsere Klassenlehrerin fragen. ● Natürlich, wir wollen sie ja einladen. Vielleicht laden wir noch andere Lehrer ein. ■ Ach nein, die sind so langweilig. Lieber ein paar andere Schüler. Aber wir brauchen etwas zu essen. Wer macht das? ● Wir machen eine Liste: Jeder muss etwas mitbringen, Kartoffelsalat, Würstchen usw. Wir brauchen ja auch noch Getränke. ■ Die können wir beim Getränkemarkt bestellen, dann ist es nicht so teuer. ● Gut, wir sammeln das Geld bei allen Schülern. Wollen wir auch eine Ausstellung machen? ■ Das ist eine tolle Idee: Jeder bringt ein Foto mit und schreibt einen Text über sich selbst. Das finde ich lustig. Und wer macht Musik? ● Das ist kein Problem. Das mache ich mit dem Computer.

3 *Mögliche Lösung:* a Das ist eine wunderbare Idee, aber leider ist mein Fahrrad kaputt. b Das finde ich toll. Dann machen wir die Tour, ich freue mich! c Schade, das geht leider nicht, weil ich am Sonntag Reitunterricht habe. d Natürlich, das ist kein Problem. Ich bin am Samstag um halb acht bei dir vor dem Haus. e Gut, ich nehme Brötchen und Obst mit, und auch noch Schokolade. f Das finde ich gut. Ich kann Marie fragen, sie kommt bestimmt gern mit. g Ja, frag Peter. Der ist wirklich ein guter Typ.

C Training zu Sprechen Teil 3

1 *Mögliche Lösung:* ● Wann können wir das neue Computerspiel probieren? Wir können das bei mir machen. Hast du am Samstag Zeit? ■ Ja, vielleicht mittags. Ich muss erst noch einkaufen, aber um eins kann ich zu dir kommen. ● Schade, das geht nicht, ich bin zum Essen bei meiner Großmutter. Aber am Nachmittag bin ich frei, um 14:00 Uhr. ■ Ich muss dann Mathe lernen, wir schreiben am Montag eine Klassenarbeit. ● Kannst du das nicht am Abend machen? ● Nein, am Abend bin ich verabredet, das geht nicht. Aber vielleicht passt es dir um 17:00 Uhr? ● Da bin ich beim Basketball. Das ist aber schwierig! Geht es vielleicht doch am Nachmittag? Es dauert sicher nur eine Stunde. ■ Ja, ich könnte vorher lernen, dann bin ich um halb drei bei dir. Bist du damit einverstanden? ● Ja, wunderbar!

2 *Mögliche Lösung:* ● Wir wollen doch zusammen ins Kino gehen. Wann hast du Zeit? ■ Ich möchte gern am Abend gehen. Passt es dir am Dienstag? ● Leider nicht, aber der Montagabend ist frei. ■ Da bin ich im Fitnessklub verabredet. Wir können doch am Samstag gehen, was meinst du? ● Das geht nicht. Da ist Georgs Geburtstagsparty. Aber wir können am Freitag gehen, was meinst du? ■ Da bin ich wieder im Fitnessklub. ● Kannst du das nicht auf Samstag verschieben? ■ Ja, vielleicht. Aber ich habe noch einen Vorschlag: Wir können uns am Mittwochabend treffen. ● Nein, ich bin bei meinen Großeltern zum Abendessen. Bitte, verschieb den Fitness-Termin auf Samstag! Dann treffen wir uns am Freitag. ■ Gut. Am Freitag um 19:00 vor dem Kino. Ich freue mich.

3 *Mögliche Lösung:* ● Ich freue mich auf den Ausflug am Sonntag. Wohin wollen wir fahren? ■ Wir können mit dem Zug nach Magdeburg fahren. Das ist eine sehr schöne alte Stadt mit einem berühmten Dom. Den möchte ich gern besichtigen. ● Aber es ist so schönes Wetter! Ich möchte nicht in einer Kirche sein. Ich schlage vor, wir nehmen mein Auto und fahren in den Hohen Fläming. Da kann man wunderbar im Wald wandern. Das gefällt dir bestimmt. ■ Ich habe gedacht, wir essen mittags schnell etwas und gehen dann zum Flohmarkt auf dem Marktplatz in Magdeburg. Du liebst doch Flohmärkte! ● Ich habe eine andere Idee: In Bad Saarow am Scharmützelsee gibt es auch einen Flohmarkt und schöne alte Häuser. Wir können ein Picknick am See machen, ein bisschen spazieren gehen und später mit dem Schiff fahren. Was sagst du dazu? ■ Damit bin ich einverstanden. So machen wir das.

4 *Mögliche Lösung:* ● Wann wollen wir uns zum Tennis spielen treffen? Du weißt ja, man muss den Platz reservieren. ■ Vielleicht am Montagnachmittag? Ich muss vorher noch einkaufen, aber um 15:00 Uhr können wir uns treffen. ● Am Montag geht es überhaupt nicht. Da bin ich schon verabredet. Mir passt es am Samstag gut. Was meinst du? ■ Nein, da muss ich bei meinem Vater sein. Er will mir zeigen, wie man ein Fahrrad repariert. Das dauert bestimmt ziemlich lange. Hast du vielleicht am Mittwoch Zeit? ● Das sieht sehr schlecht aus. Ich habe meiner Mutter versprochen, dass ich mit ihr in unserem Garten arbeite. Das kann ich nicht verschieben. ■ Am Freitag und Dienstag bin ich auch schon verabredet. Vielleicht am Freitag um 14:00 Uhr? Da können wir aber nur eine Stunde spielen. Mehr Zeit habe ich dann nicht. ● Und ich bin am Freitag schon um 15:00 Uhr verabredet. Es geht diese Woche nicht, es tut mir leid. Wir müssen einen Plan für die nächste Woche machen. ■ Gut. Ich schlage vor, wir treffen uns am nächsten Mittwoch um drei zum Tennisspielen. ● Einverstanden, ich mach mir sofort eine Notiz.

Lösungen – Simulation

Lesen Teil 1
1 b; 2 b; 3 a; 4 b; 5 c

Lesen Teil 2
6 a; 7 c; 8 b; 9 b; 10 a

Lesen Teil 3
11 a; 12 b; 13 b; 14 b; 15 a

Lesen Teil 4
16 d; 17 X; 18 b; 19 a; 20 f

Hören Teil 1
1 a; 2 a; 3 b; 4 b; 5 b

Hören Teil 2

	0	6	7	8	9	10
Person	Marcus	Lotte	Bettina	Ralf	Lena	Simon
Lösung	f	d	i	c	e	g

Hören Teil 3
11 b; 12 c; 13 a; 14 c; 15 b

Hören Teil 4
16 Nein; 17 Nein; 18 Ja; 19 Ja; 20 Ja

Schreiben Teil 1
Mögliche Lösung: Tut mir leid, dass ich zu spät komme. Die Straßenbahn hatte 20 Minuten Verspätung. Warte vor dem Kino. Ich bin in 10 Minuten da.

Schreiben Teil 2
Mögliche Lösung: Lieber Herr Joost, danke für die Einladung, ich komme gern. Ich möchte meinen Cousin Malte mitbringen. Er ist ein toller Fußballspieler. Können Sie mir bitte noch schreiben, wie wir zum Sportverein kommen können? Beste Grüße NN

Sprechen Teil 1
1 *Mögliche Lösung:* Was möchtest du in den nächsten Ferien machen? – Am liebsten möchte ich zu Hause bleiben. Dann kann ich meine Bücher lesen und jeden Tag mit meinen Freunden ins Schwimmbad gehen. ● Was für Kleider trägst du gern? – Am liebsten sportliche Pullover, T-Shirts und Jeans. ● Wie ist deine Telefonnummer? – Ich habe nur ein Handy. Die Nummer ist … ● Welche Musik hörst du am liebsten? – Am liebsten höre ich die aktuellen Hits im Radio.

2 *Mögliche Lösung:* Welches Buch liest du im Moment? – Ich lese nicht viele Bücher und im Moment habe ich überhaupt keine Zeit. Ich muss sehr viel lernen. • Was ist dein Lieblingsfach? – Ich interessiere mich sehr für Geschichte. • Welchen Lehrer findest du am besten? Warum? – Ich finde unseren Geschichtslehrer am besten. Er macht den Unterricht richtig spannend. • Wie sieht dein Zimmer aus? – Es ist sehr klein. Ich habe nicht genug Platz für meine Sachen. Deshalb sieht es meistens ziemlich unordentlich aus.

Sprechen Teil 2

1 *Mögliche Lösung:* Ich habe zwei sehr gute Freunde. Wir sind fast jeden Tag zusammen. Wir wohnen in derselben Straße, deshalb ist es einfach. Wenn wir mit den Hausaufgaben fertig sind, schicken wir uns SMS. Wir treffen uns meistens auf dem Sportplatz und spielen Fußball. Wenn es regnet, sind wir bei Carlo, weil er die besten Computerspiele hat. Am Wochenende wollen meine Eltern immer, dass wir Ausflüge machen, in den Wald oder so, zum Wandern. Ich bin aber lieber mit meinen Freunden unterwegs. Im Sommer fahren wir mit dem Fahrrad zum See und baden oder wir spielen da Volleyball. Wenn das Wetter schlecht ist, sind wir oft in der Sporthalle oder im Kino. Wir gehen auch mal in die Stadt und sehen uns die neuen Handys und Computer an.
Mögliche Antworten: Ja, mein bester Freund heißt Carlo, ich kenne ihn schon seit elf Jahren. Wir waren zusammen im Kindergarten. Er hat immer tolle Ideen und macht gute Vorschläge, was wir machen wollen. – Ja, am liebsten möchte ich auch mit meinen Freunden in die Ferien fahren, weil das viel lustiger ist. Aber meine Eltern erlauben das nicht.

2 *Mögliche Lösung:* Wenn ich mittags aus der Schule komme, wartet meine Mutter schon mit dem Mittagessen. An zwei Tagen habe ich nachmittags noch Unterricht, dann esse ich in der Schule. Für die Hausaufgaben brauche ich nicht lange, meistens nur eine Stunde. Dann rufe ich meine Freundin an und wir diskutieren, was wir machen wollen. Am Mittwoch gehen wir zusammen zum Training in die Schwimmhalle, an den anderen Tagen möchte Tina immer shoppen gehen, das finde ich ein bisschen langweilig. Jedenfalls muss ich zum Abendessen zu Hause sein, da ist mein Vater sehr streng. Er will, dass die Familie abends zusammen isst. Meinem Bruder gefällt das nicht, ich finde es manchmal auch ziemlich langweilig. Nach dem Essen habe ich dann noch Zeit zum Lesen oder ich sehe ein paar Filme im Internet. Und natürlich telefoniere ich noch mal mit Tina. Um zehn gehe ich meistens ins Bett.
Mögliche Antworten: Meine Hobbys sind Schwimmen und Lesen. Zum Schwimmen gehe ich immer am Mittwoch und am Wochenende. Abends habe ich Zeit zum Lesen, vielleicht eine oder zwei Stunden. – Ja, vielleicht. Wir können dann darüber sprechen, was wir am nächsten Tag machen müssen. Aber wir streiten uns auch oft, weil mein Bruder nicht einkaufen will oder so.

Sprechen Teil 3

Mögliche Lösung: ● Wir können am besten bei mir lernen, ich habe ein großes Zimmer. Wann möchtest du kommen? ■ Ja, ich weiß nicht, wann passt es dir denn? ● Ich gehe morgens joggen. Aber am Samstag nach dem Frühstück, um halb zehn, können wir anfangen. ■ Nein, um halb zehn schlafe ich sicher noch. Und Samstag bin ich schon den ganzen Vormittag verabredet. Wir können uns doch am Samstagnachmittag treffen, was meinst du? ● Damit bin ich nicht einverstanden, ich muss zum Training. Und der Abend ist keine gute Zeit zum Lernen. ■ Nein, da habe ich auch keine Lust. Dann bleibt uns nur der Sonntag. ● Ich will am Nachmittag mein Fahrrad reparieren, aber ich bin sicher um 15 Uhr fertig. Komm doch am Sonntag um drei! ■ Schade, am Sonntag ist meine ganze Familie bei den Großeltern zum Mittagessen. Wir kommen erst abends zurück. ● Mein letzter Vorschlag: Wir treffen uns am Sonntag um zehn, bist du einverstanden? ■ Und ich wollte am Sonntag endlich mal joggen! Aber es ist okay, ich bin um zehn bei dir. ● Dann ist ja alles klar!

Transkriptionen

Hören 1

1   Sie surft jeden Tag mit ihrem Smartphone.
2   Er hat noch sehr viel zu tun.
3   Ich rufe meinen Freund jetzt an.
4   Es ist warm und wolkenlos.
5   Kriminalfilme sind meine Lieblingssendungen.
6   Die drei Kilometer können wir zu Fuß gehen.

Hören 2

Hallo Bernd, hier ist Petra, du bist ja schon wieder unterwegs. Sag mal, was wollen wir denn am Wochenende machen? Hast du Lust auf einen Ausflug? Jonas wollte ja auch mitkommen, aber jetzt fährt er doch lieber mit seinem Bruder zu dem großen Fußballspiel nach München. Ich mag ja Fußball auch und dieses Spiel ist wichtig, aber eine Radtour finde ich viel besser. Ruf mich bitte an! Tschüs

Hören 3   Text 1

Hallo Kerstin, ich bin's Daniela, ich war gestern in dem Laden in der Sophienstraße, du weißt schon, der mit den tollen Kleidern. Ich habe da ein paar fantastische T-Shirts gesehen. Erst habe ich ein blaues mit kleinen Blumen anprobiert, aber dann habe ich ein hellgrünes mit schwarzen Punkten genommen. Das blaue ist schöner, es war einfach nur zu teuer. Ich will noch mal in den Laden gehen, die hatten auch so schöne Röcke. Kommst du morgen vielleicht mal mit? Ruf doch zurück. Tschau

Hören 4   Text 2

Eine Information für alle Schülerinnen und Schüler. Ab heute dürft ihr eure Fahrräder und Motorroller nicht mehr auf dem Schulhof abstellen. Stellt die Fahrräder bitte unter das Dach bei der Schule, auf der linken Seite. Die Motorroller parkt ihr bitte auf dem Parkplatz am Rathaus. Dort gibt es viele freie Plätze. Vielen Dank für euer Verständnis.

Hören 5

Und jetzt der Wetterbericht für Norddeutschland. Am Anfang des Tages ist es kühl mit Temperaturen zwischen 8 und 10 Grad. Im Laufe des Tages scheint dann die Sonne und die Temperaturen erreichen 18 bis 20 Grad. Auch am Wochenende erwarten wir keinen Regen. Es bleibt weiterhin trocken und freundlich im Norden und die Temperatur steigt.

Hören 6

1

MODERATOR: Klara ist am Telefon. Hallo, Klara!

KLARA: Hallo! Also, ich habe mit meinen Eltern keine Probleme. Wir verstehen uns gut, können einfach gut miteinander reden. Abends muss ich erst um 22:00 Uhr zu Hause sein, kann also meine Freunde treffen oder ins Kino gehen. Sie wollen nur wissen, wohin ich gehe. Und das sage ich ihnen gern.

2

JUNGE: Hallo Tim, hier ist Jonas, ich habe ein Problem. Wir müssen über meine Abreise sprechen. Ich will ja die nächsten sechs Monate in England verbringen. Ich möchte dich fragen, ob meine Katze so lange bei dir bleiben kann. Meine Schwester kann sie nicht nehmen, weil sie von den Katzenhaaren sofort krank wird, du kennst sie doch! Bitte, ruf mich an.

3

MÄDCHEN: Hallo Anne, hier ist Claudia, ich kann heute Nachmittag nicht kommen, weil ich mit meinem Vater zusammen arbeiten muss. Wir wollen die Garage ausräumen, sauber machen und das Auto waschen. Das dauert bestimmt ein paar Stunden. Ich hoffe, dass du das verstehst. Ich ruf dich heute Abend an und erzähle dir alles.

4

RADIOSPRECHER: Liebe Zuhörer, auch an diesem Wochenende können Sie mit gutem und sonnigem Wetter rechnen. Bei Temperaturen um die 28 Grad sagt sich richtiges Badewetter an. Von Nord-Westen weht abends ein leichter Wind. Ab Montag wird es leider kühler mit einigen Regenfällen im Osten des Landes.

5

RADIOSPRECHERIN: Und jetzt noch eine Information für unsere jungen Zuhörer. Ab 20:00 Uhr könnt ihr wieder bei unserem Spiel „Wer kennt das Instrument?" mitmachen. Wenn ihr wisst, wie die Musikinstrumente heißen, ruft ihr uns einfach an. Ihr könnt Eintrittskarten für das Rock-Konzert am Freitag gewinnen.
Also, gut zuhören beim Ratespiel um acht!

Hören 7

1

MODERATORIN: Jetzt ist Alexander am Telefon. Hallo Alexander!
ALEXANDER: Hallo! Ja, wir gehen manchmal mit unserem Kunstlehrer in Ausstellungen. Es gibt viele Museen in der Großstadt. Am besten gefällt mir die Kunst von heute. Ich war auch schon in einer Fotoausstellung. Ich fotografiere ja auch selbst gern, zum Beispiel Pflanzen und Tiere in der Natur.

2

RADIOSPRECHER: Liebe Zuhörer! Das Wetter im Norden bereitet uns heute einige Probleme. Es gibt schon am Morgen viel Regen und am Nachmittag kommt noch starker Westwind dazu. Auch in den nächsten Tagen bleibt es bei 10 Grad kühl und windig. Nur im Süden ist es heute und morgen bei 18 Grad warm und trocken.

3

HERBERGSVATER: Achtung, liebe Gäste! Das Abendessen gibt es heute in der Jugendherberge erst um 19:00 Uhr. Leider ist unser Koch krank. Wir bekommen das Essen heute und morgen aus der Rathausküche. Es gibt heute Abend Waldorfsalat, Rinderbraten mit Gemüse und Schokoladenmousse. Wir entschuldigen uns für die Verspätung und wünschen guten Appetit!

4

JUNGE: Hallo Oma! Hier ist Moritz. Toll, dass du uns besuchen willst. Ich hole dich morgen um 14:30 Uhr am Bahnhof ab. Wir fahren dann zusammen mit dem Bus nach Hause. Die Fahrt dauert nur fünf Minuten, aber so müssen wir deine Tasche nicht tragen. Gute Reise, ich freue mich, dass du kommst. Bis morgen.

5

JUNGE: Hallo Malte! Du hast doch gesagt, du willst Tennis spielen lernen. Mein Onkel organisiert im
           Sommer ein Tenniscamp für Jugendliche ab 14 Jahren. Wenn du willst, schicke ich dir per E-Mail
           alle wichtigen Informationen. Wir sind schon sechs Jungen und Mädchen, suchen aber noch
           zwei Teilnehmer. Toll, wenn du auch mitspielst.

Hören 8

1

- ● Hallo, wie geht es dir? Wir haben uns lange nicht gesehen.
- ■ Danke, nicht so gut. Ich muss jeden Tag so viele Aufgaben machen.

Gespräch

2

- ● Hast du Lust, mit mir ins Kino zu gehen?
- ■ Sehr gern, aber ich muss leider heute zum Handballtraining.

Gespräch

3

- ● Um 17:00 Uhr findet heute die Eröffnung des neuen Jugendtreffs in der Schillerstraße statt.
  Dazu sind alle Jugendlichen von 14 bis 18 Jahren eingeladen.
  Radioansage

4

- ■ Hier ist Mama, geh doch noch heute zu Frau Brenner und hol meine neue Jeans ab.
  Die Hose ist sicher fertig, sie hat sie nur enger gemacht.
  Nachricht auf dem Anrufbeantworter

Hören 9

1

Wollen wir in die Stadt fahren? • Wunderbar, ich möchte einkaufen. • Immer nur Geschäfte, das ist langweilig!

2

Wollen wir heute Tennis spielen? • Ich bin dafür, ich mache gern Sport. • Das ist keine gute Idee, wir haben
gestern schon gespielt.

3

Wir können morgen nach Bremen fahren, was meinst du? • Prima, das ist eine schöne, alte Stadt. • Ach nein,
die Fahrt dauert zwei Stunden.

4

Lass uns doch in den Zoo gehen! • Gern, aber dann gehen wir auch zu den Fischen, okay? • Ich bin dagegen,
da ist es so traurig, die armen Tiere.

5

Ich möchte die Picasso-Ausstellung sehen, kommst du mit? • Oh ja, ich liebe moderne Kunst. • Ich habe schon
Lust, aber das Museum ist zu teuer.

Hören 10

1 Komm, wir spielen Fußball, wir haben doch noch Zeit.
2 Wir sind morgen früh zwei Stunden in der Turnhalle.
3 Bitte, komm doch mit, ich liebe den Walzer.
4 Auf der Klassenfahrt nach Bonn haben wir auch ein Museum besucht.
5 Morgen Nachmittag müssen wir proben, die neuen Lieder sind ziemlich schwer.
6 Das Wasser ist wirklich warm.

Hören 11

SARA: Hallo Peter, wie waren die Ferien auf dem Campingplatz am Meer?
PETER: Hallo Sara, es war toll. Aber ich war am Gardasee zum Surfen. Mit meinen Eltern und meinem Bruder Klaus. Er ist viel im See geschwommen. Nach den Ferien hat Klaus dann noch bei meinem Onkel in der Bäckerei gearbeitet.
SARA: Ach so, und deine Schwester? Ist die nicht mitgefahren zum Surfen?
PETER: Nein, Karina war doch zu einem Sprachkurs in Spanien. Sie findet Sprachen so toll.
SARA: Sie hat also lieber Spanisch gelernt?
PETER: Ja, und deine Schwester Maria wollte ja zuerst auch mitfahren, aber dann ist sie zu Hause geblieben.
SARA: Ich glaube, der Kurs war zu teuer. Maria und Stefan haben in den Ferien gearbeitet, aber nur zwei Wochen. Für Stefan war die Arbeit zu schwierig und er treibt ja auch lieber Sport. Du weißt, er kann super Tennis spielen. Naja, und Maria hat sich dann viel um die Hunde des Nachbarn gekümmert.
PETER: Ich würde auch gern Tennis spielen, aber ich habe leider nie Zeit. Mein Schulweg ist sehr lang, wenn ich mit dem Fahrrad fahre, brauche ich eine Stunde und mit dem Bus 40 Minuten.
SARA: Meine Schwester Bettina hat auch das Problem. Sie möchte gern Marathon laufen, aber sie hat nachmittags so viel zu tun. Sie muss immer auf unsere kleinen Cousinen aufpassen, einkaufen und dann noch für den Unterricht lernen. Das macht ihr nicht viel Spaß.

Hören 12

GROSSVATER: Kommst du Dirk? Heute ist Donnerstag und gleich fängt der Film an. Den wolltest du doch auch sehen.
DIRK: Ach Opa, ich möchte ja gern den Film sehen, aber morgen schreiben wir eine Mathearbeit, ich muss lernen. Frag doch Anna, vielleicht hat sie Zeit und Lust.
GROSSVATER: Die ist gerade mit dem Fahrrad zu ihrer Freundin Jutta gefahren und kommt erst heute Abend zurück. Aber du bist doch gut in Mathe, du kannst dir den Film ruhig ansehen.
DIRK: Opa, ich muss noch lernen und dann will ich Carola anrufen und die Ergebnisse mit ihr vergleichen. Das dauert sicher eine Stunde.
GROSSVATER: Na gut, ist in Ordnung. Ist sie wenigstens gut in Mathe?
DIRK: Ja klar, Onkel Paul ist doch Lehrer und wenn sie etwas nicht versteht, dann hilft er ihr. Die sitzen jetzt bestimmt schon zusammen und lösen die Matheaufgaben. Und du weißt doch, mein lieber Cousin Ingo hat supertolle Noten in Physik. Dem macht das Lernen jeden Tag richtig Spaß.

Transkriptionen

GROSSVATER:	Ja, ja, ich weiß und bald ist Ingo mit der Schule fertig.
DIRK:	Ein Jahr noch und dann möchte er auf eine Universität in Amerika, aber das ist leider unmöglich. Das kostet viel zu viel.
GROSSVATER:	Ja, dann frage ich halt deine Mutter.
DIRK:	Die sieht gern Filme, sie ist aber gerade zum Einkaufen in die Stadt gefahren. Du hast heute wohl kein Glück.

Hören 13

1

● Was ist dein Lieblingsfach, Paul? Ist es Geschichte ?

■ Also, Geschichte ist sehr interessant, aber am liebsten mache ich Sport.

2

● Entschuldigung, wo ist die Arztpraxis?

■ Moment, also im ersten Stock ist das Architekturbüro, im Erdgeschoss das Café, die ist im zweiten Stock.

3

● Was hast du denn gegessen, Pia?

■ Eva und Peer haben Hähnchen gegessen, ich habe einen Hamburger genommen.

4

● Welche Größe hast du, Katja?

■ Wir sind alle ziemlich klein in meiner Familie. Ich habe S und meine Brüder M.

5

● Hallo Wolf, hier ist Max, hast du mein Fahrrad schon repariert?

■ Gestern musste ich noch neue Reifen besorgen, heute Morgen habe ich mich dann um dein Rad gekümmert. Es ist fertig.

● In Ordnung.

6

● Guten Tag Jens, hier ist Zahnarzt Dr. Maier. Wir müssen deinen Termin verschieben. Passt es dir übermorgen? Morgen geht es leider nicht und heute ist ja Dienstag, da ist die Praxis geschlossen.

■ Ist in Ordnung, bis Donnerstag.

Hören 14

1 Ich muss heute auf meine kleinen Geschwister aufpassen.
2 Heute Nachmittag möchte ich mir eine neue Bluse kaufen.
3 Hallo Max, was machen wir denn am Wochenende?
4 Oje, ich habe furchtbare Kopfschmerzen.
5 Samstag haben wir ein wichtiges Spiel.
6 Ich freue mich schon jetzt auf die Sommerferien.
7 Oft tut mir der Hals weh.
8 Diese Nachrichten sind wirklich sehr interessant.
9 Ich muss bestimmt noch zwei Stunden üben.

Hören 15

1

NICOLE: Hallo Herr Renner, hier ist Nicole.

RENNER: Hallo Nicole, wie geht es dir?

NICOLE: Nicht so gut, Herr Renner, leider kann ich heute nicht zur Gitarrenstunde kommen. Ich muss zum Zahnarzt. Ich hoffe, dass ich beim Konzert am Samstag wieder fit bin.

RENNER: Das tut mir leid. Ruf mich an, wenn es dir besser geht.

NICOLE: Klar, mache ich.

2

VERKÄUFERIN: Kann ich dir helfen?

MÄDCHEN: Ja, ich möchte den hellblauen Bikini anprobieren. Den im Schaufenster. Geht das?

VERKÄUFERIN: Ja sicher, welche Größe hast du denn? Den haben wir nur in 42.

MÄDCHEN: Größe 38 oder 40, ich weiß nicht.

VERKÄUFERIN: Hier sind andere Bikinis in blau und hellgrün in deiner Größe.

MÄDCHEN: Schade, die Farben gefallen mir nicht.

3

LÜDERS: Guten Tag Max, wie geht es dir?

MAX: Ich habe mich beim Sport verletzt.

LÜDERS: Lass mal sehen, der Fuß ist ja richtig dick. Tut dir das Bein auch weh? Und der rechte Arm ist ja ganz blau.

MAX: Das ist nicht so schlimm, aber der Fuß. Was kann ich tun?

LÜDERS: Du musst ein paar Tage ruhen. Am besten tust du Eis auf den Fuß.

4

MANN: Entschuldigung, ich suche die Jugendherberge. Bin ich hier richtig?

FRAU: Nein, die ist in Nummer 34, das ist das nächste Haus. Hier ist im ersten Stock ein Kulturzentrum.

MANN: Ah ja, danke. Und was ist hier im Erdgeschoss?

FRAU: Wir haben hier einen Kindergarten. Und die Jugendherberge ist nebenan.

MANN: Ah ja, auf Wiedersehen und vielen Dank!

5

MÄDCHEN: Sag mal, war das Fotografieren schon immer dein Hobby?

JUNGE: Ich habe vor sechs Monaten damit angefangen. Ich habe eine Ausstellung gesehen. Die fand ich toll, und so habe ich es auch versucht.

MÄDCHEN: Du machst wunderbare Fotos. Hast du einen Kurs besucht?

JUNGE: Das wollte ich zuerst, aber dann hat mein Cousin mir alles gezeigt. Der ist Modefotograf.

Hören 16

1

MÄDCHEN: Was hast du denn gestern Abend auf der Party gegessen?

JUNGE: Ich wollte Pizza essen, aber es gab so viele andere gute Sachen. Pizza habe ich nicht gesehen. Zum Beispiel gab es so kleine Brötchen mit Schinken und Käse, das sah gut aus. Und der Fleischsalat hat mir sofort gefallen. Also habe ich den genommen, hat prima geschmeckt.

MÄDCHEN: Klingt gut!

2

VERKÄUFERIN:	Was darf es sein?
MÄDCHEN:	Mir gefällt das Kleid mit den kleinen Blumen.
VERKÄUFERIN:	Welche Größe hast du denn? Dieses Kleid haben wir nur noch in Größe 40.
MÄDCHEN:	Schade, ich habe Größe 36.
VERKÄUFERIN:	Gefällt dir vielleicht das mit den großen roten Rosen oder das hier mit den Punkten?
MÄDCHEN:	Für die Kleider bin ich zu jung, sie könnten meiner Mutter gefallen.

3

JUNGE:	Hallo Sina, hier ist Tobias.
MÄDCHEN:	Hallo Tobias, wie geht es dir?
JUNGE:	Du, ich habe Konzertkarten für Samstag im Schlosspark. Kommst du mit?
MÄDCHEN:	Ich glaube, das Konzert findet auf dem Marktplatz statt.
JUNGE:	Ich weiß, zuerst haben sie sogar gesagt, dass sie das Konzert im Rathaus machen. Aber jetzt habe ich die Karten: Da steht „Schlosspark".
MÄDCHEN:	Super! Gern.

4

DIRK:	Tag Claudia! Was machst du denn in Köln?
CLAUDIA:	Hallo Dirk, so eine Überraschung! Ich habe einen Ausbildungsplatz gesucht. Ich habe zuerst in einem Hotel gefragt. Danach war ich in einer Großküche. Das hat alles nicht geklappt. Aber jetzt bin ich in einem Restaurant. Die haben mich genommen. Ich bleibe drei Jahre hier.
DIRK:	Herzlichen Glückwunsch!

5

MANN:	Ja bitte?
JUNGE:	Hier ist Roland Meier. Ich habe gehört, Sie wollen Ihren Computer verkaufen. Kann ich ihn mir mal ansehen?
MANN:	Hör mal, Roland: Ich verkaufe nur meinen Drucker. Der Computer ist noch ziemlich neu.
JUNGE:	Und was ist mit dem Handy? Verkaufen Sie das auch?
MANN:	Also, wer hat dir denn das erzählt? Die Leute reden zu viel!

Hören 17

MÄDCHEN:	Hallo Jonas, schau mal, das sind die Fotos von unserer Klassenfahrt. Die waren alle dabei. Ich habe sie fotografiert.
JONAS:	Ah ja, und wer ist das?
MÄDCHEN:	Das 1. Foto, das ist Sebastian. Er ist ein sportlicher Typ, er trägt immer Sportschuhe. Wie du siehst, ist er schlank und hat kurze schwarze Haare. Er hat früher eine Brille getragen, aber jetzt nicht mehr.
JONAS:	Und das Mädchen hier?
MÄDCHEN:	Das 2. Foto: Annika. Sie ist groß, schlank und immer sehr elegant. Ihre Haare sind lang und glatt. Stell dir vor, sie hat früher nur Jeans getragen. Heute trägt sie sehr schöne Kleider und hat immer eine Handtasche dabei.
JONAS:	Ist das euer Lehrer?
MÄDCHEN:	Ja, das 3. Foto, das ist unser Lehrer. Herr Wilmers war natürlich auch dabei. Er ist ziemlich klein, hat graues, kurzes Haar und ist dick. Er trägt immer eine schwarze Hose und ein hellblaues Hemd. Auf jeden Fall ist er sympathisch.

Transkriptionen

| JONAS: | Na wenigstens ist er sympathisch. Und die hier, auf dem 4. Foto? |
| MÄDCHEN: | Das ist Frieda. Ich habe sie auf der Rückreise fotografiert. Sie hat eine Brille und lange blonde Haare. Oft trägt sie einen Hut und kurze Röcke. Sie hat fast immer ihr Smartphone in der Hand und chattet mit ihren Freundinnen. Sie ist die jüngste in der Klasse, sie ist erst vierzehn Jahre alt. |

Hören 18

Beate ist 18 Jahre alt. Sie kommt aus Bochum und macht seit September eine dreijährige Ausbildung als Kauffrau bei Streber. Sie arbeitet jeden Tag von 8:00 bis 17:00 Uhr. Zweimal pro Woche geht sie in die Schule. Dieser Job gefällt ihr sehr gut, sie hat auch nette Kollegen. Sie verdient noch nicht viel, etwa 700 Euro pro Monat. So kann sie ihre Buskarte bezahlen, Kleidung kaufen und am Wochenende mit ihren Freunden ausgehen. Sie braucht kein Geld für die Miete, weil sie mit ihren Geschwistern noch bei ihren Eltern wohnt.

Hören 19

Thomas ist 16 Jahre alt. Er wohnt erst seit einem Jahr in Frankfurt. Er ist in Göttingen geboren. Er geht noch aufs Gymnasium und macht in zwei Jahren sein Abitur. Später möchte er im Ausland studieren, um seine Sprachkenntnisse zu verbessern. Er ist ein guter Schüler, auch wenn er sich mehr für Musik als für die Schule interessiert. Gitarre und Schlagzeug sind seit zwei Jahren seine Lieblingsinstrumente. Jeden Nachmittag übt er mit zwei Freunden aus seiner Klasse. Sie spielen in der Garage seines Großvaters, weil sie dort niemanden stören.

Hören 20

JUNGE:	Ich brauche unbedingt noch Tennisbälle.
MÄDCHEN:	Gut, dann gehen wir in die 5. Etage, da ist die Sportabteilung.
JUNGE:	Aber vorher möchte ich mir noch die neuen Smartphones ansehen. Die sind sicher in der Elektroabteilung.
MÄDCHEN:	Ja, und die ist im vierten Stock. Ich gehe aber zuerst in die zweite Etage, da gibt es Mode für Jugendliche, da finde ich wohl eine neue Jeans und T-Shirts.
JUNGE:	Wir müssen aber auch noch Lebensmittel kaufen, bevor wir nach Hause gehen.
MÄDCHEN:	In Ordnung, zuletzt gehen wir ins Untergeschoss, da ist der Supermarkt.

Hören 21

MARTA:	Hallo, Jonas, kommst du am Samstag auch zur Party bei Christoph?
JONAS:	Oh Marta, ja klar, da gehen wir doch alle hin. Ich frage mich nur, was soll es zu essen und zu trinken geben, bei so vielen Leuten?
MARTA:	Christoph sagt, er hat alle Getränke. Also brauchen wir uns nur ums Essen kümmern.
JONAS:	Sehr gut, und was schlägst du vor?
MARTA:	Ich mache zwei Salate. Die finden alle lecker. Marlene bringt Pizza mit, die kauft sie bei ihrem Bäcker.
JONAS:	Das hört sich schon gut an. Brauchen wir auch Fleisch?
MARTA:	Das kann Julia vorbereiten. Sie macht so tolle Schnitzel und Jan kauft ein paar Würstchen, die können wir grillen.
JONAS:	Ich glaube, das genügt … oder wollen wir vielleicht auch eine Torte oder Eis essen?
MARTA:	Es ist so warm, da ist Eis sicher besser.
JONAS:	Gut, dann bringe ich zwei Packungen mit. Ich glaube, jetzt haben wir alles.

Hören 22

MODERATOR:	Heute haben wir Ines zu Gast. Ines, du kommst aus Portugal, und was machst du hier in Deutschland?
INES:	Ich bin als Au-pair-Mädchen nach Deutschland gekommen. Ich arbeite für eine sehr nette Familie mit zwei Kindern, die sind 3 und 6 Jahre alt.
MODERATOR:	Welche Aufgaben hast du?
INES:	Ich spiele vor allem mit den Kindern und passe tagsüber auf sie auf. Am Wochenende und abends habe ich frei.
MODERATOR:	Und gefällt es dir bei der Familie?
INES:	Oh ja, ich habe ein schönes Zimmer mit Blick auf den Garten. An der Wand ist ein großer Spiegel und ich darf auch die Fotos von meiner Familie und meinen Freunden aufhängen.
MODERATOR:	Warum bist du nach Deutschland gekommen? Hast du in der Schule Deutsch gelernt?
INES:	Ja, aber nur drei Jahre lang. Ich habe zuerst Spanisch und Englisch gelernt. Ich möchte diese Fremdsprachen gut können.
MODERATOR:	Hast du denn hier auch Sprachunterricht?
INES:	Ja, ich besuche zweimal pro Woche einen Deutschkurs. Da treffe ich interessante Leute, das macht mir Spaß.
MODERATOR:	Gut, wie lange möchtest du in Deutschland bleiben?
INES:	Ich möchte gern sechs Monate hier bleiben.
MODERATOR:	Hast du schon Pläne für das nächste Jahr?
INES:	Ich möchte noch sechs Monate in England verbringen. Danach gehe ich nach Portugal zurück und studiere an der Universität. Ich möchte gern Dolmetscherin werden und später in Brüssel arbeiten.
MODERATOR:	Ich wünsche dir viel Glück!

Hören 23

MODERATOR:	Alexander, schön, dass du kommen konntest. Erzähl uns bitte, wie du als Skiläufer in die Jugendnationalmannschaft gekommen bist.
ALEXANDER:	Im Winter bin ich schon als kleiner Junge jedes Wochenende mit meinen Eltern Ski gefahren. Mit sechs Jahren habe ich einen Skilehrer bekommen.
MODERATOR:	Hast du mit deiner Familie damals schon in Süddeutschland gelebt?
ALEXANDER:	Nein, wir kommen aus Bonn, als ich vierzehn war, sind wir in die Nähe von München gezogen. Deshalb kann ich viermal die Woche trainieren und nicht nur am Wochenende.
MODERATOR:	Hast du auch noch andere Hobbys?
ALEXANDER:	Nein, wenn ich nicht trainiere, gehe ich joggen oder trainiere im Fitnesszentrum.
MODERATOR:	Und wie bist du in das deutsche Nationaljugendteam gekommen?
ALEXANDER:	Im letzten Jahr hat mich ein Trainer gesehen, danach habe ich eine Einladung bekommen, zu einem siebentägigen Trainingscamp in den Schweizer Bergen.
MODERATOR:	Und? Bist du mitgefahren?
ALEXANDER:	Ja natürlich, das war eine tolle Erfahrung. Ich habe andere Skifahrer getroffen, viel gelernt und viel Spaß gehabt.
MODERATOR:	Stimmt es, dass du jetzt einen festen Platz im deutschen Nationaljugendteam hast?
ALEXANDER:	Das ist richtig. Ich arbeite jetzt mit der offiziellen Mannschaft. In der Gruppe werde ich im Skilaufen immer besser.
MODERATOR:	Und was ist mit der Schule?
ALEXANDER:	Ich gehe auf eine Sportschule, in zwölf Monaten mache ich das Abitur. Das heißt, ich brauche jetzt mehr Zeit zum Lernen, aber ich denke, dass ich nach dem Abitur wieder mehr trainieren kann.

Hören 24

1

Sie hören jetzt den Wetterbericht. Im Norden bleibt es auch am Sonntag sonnig und trocken, schon morgens gibt es Temperaturen um 25 Grad. Sie können ein Wochenende im Freien planen. In den Abendstunden ziehen von Westen her einige Wolken auf. Ab Montag wird es im Nord-Osten kühler, mit Gewitter und Regen. Am Dienstag …

2

FREUND:	Max, was ist los? Ist dein Fahrrad kaputt?
MAX:	Nein, alles okay. Mir geht's gut, dem Fahrrad auch. Ich hatte es furchtbar eilig, deshalb habe ich vielleicht nicht so gut aufgepasst. Plötzlich kam von links ein Auto, es war ganz nah. Da bin ich rechts gegen den Baum gefahren. Na ja, fahren wir weiter?

3

Hallo Petra, hier ist Vera. Was soll ich bloß heute auf der Party anziehen? Ich denke, vielleicht das schwarze T-Shirt und einen kurzen Rock? Du weißt schon, den schwarz-weißen. Ich finde, das steht mir gut. Oder lieber das grüne Kleid? Das finde ich weniger toll. Bitte, ruf mich an!

4

Hallo Anton, hier ist Peter. Hast du am Samstag schon etwas vor? Ich möchte Tennis spielen und suche einen Partner. Ich habe für 11 Uhr reserviert. Wir können uns um 10:45 Uhr gleich am Platz treffen. Oder soll ich dich zu Hause abholen? Ruf bitte schnell zurück und sag mir Bescheid.

5

Und jetzt noch eine Durchsage für unsere jugendlichen Zuhörer. Zwischen 18 und 20 Uhr könnt ihr hier bei Radio Beta Eintrittskarten für das Open Air Konzert am Samstag in der Arena gewinnen. Ruft uns an, dann könnt ihr unter den Gewinnern sein. Wir vergeben insgesamt vier Karten. Viel Glück und ein tolles Konzert!

Hören 25

RALF:	Hallo Marcus, dich habe ich lange nicht mehr gesehen. – Was machst du denn immer am Nachmittag?
MARCUS:	Hallo Ralf, schön dich zu sehen. Ich bin natürlich auf dem Sportplatz. Du weißt doch, dass ich laufe und jeden Tag trainieren muss. Ich bin auch schon ziemlich schnell auf der 400-Meter-Strecke. Manchmal kommt Lotte auch zum Laufen, aber meistens ist sie im Schwimmbad, sie schwimmt sehr gut.
RALF:	Ihr macht wohl jeden Tag Sport, oder?
MARCUS:	Natürlich. Und du, Ralf, was machst du in deiner Freizeit?
RALF:	Ich treffe mich oft mit Bettina. Wir schreiben jeden Monat Artikel für die Studentenzeitung. Bettina schreibt über Musik, ihr Lieblingsthema, sie spielt ja auch sehr gut Gitarre.
MARCUS:	Und du? Schreibst du auch über Musik oder vielleicht über Sport?
RALF:	Nein, ich interessiere mich mehr für die Probleme meiner Mitmenschen und beantworte ihre Leserbriefe. Aber das braucht alles viel Zeit.
MARCUS:	Das stimmt. Nächsten Monat kaufe ich bestimmt die Zeitung und lese, was du so schreibst. Sag mal, was macht eigentlich deine Schwester, die Lena? Ich sehe sie nie mehr?
RALF:	Lena ist jeden Nachmittag in der Sporthalle. Sie spielt Volleyball. Seit zwei Monaten ist Volleyball ihr Lieblingshobby. Sie spricht von nichts anderem.
MARCUS:	Ja, mein Freund Simon ist genauso. Er sagt immer, Fahrrad fahren macht fit und gesund und deshalb fährt er dreimal pro Woche 40 Kilometer auf dem Land umher.

11

ELISA:	Sag mal Paola, gehen wir Samstag zusammen einkaufen?
PAOLA:	Musst du nicht trainieren?
ELISA:	Doch, ich bin bis zwölf beim Schwimmtraining.
PAOLA:	Gut, dann treffen wir uns vor der Schwimmhalle. Da gibt es doch eine Bushaltestelle, oder?
ELISA:	Ja, aber mit dem Bus dauert es sehr lange bis zum Einkaufszentrum. Komm lieber zum Rathaus, das ist in der Nähe.

12

VERKÄUFERIN:	Kann ich dir helfen?
MÄDCHEN:	Ja, ich suche ein Sommerkleid. Das lange im Schaufenster gefällt mir.
VERKÄUFERIN:	Welche Größe hast du?
MÄDCHEN:	Größe 38.
VERKÄUFERIN:	Das lange Kleid haben wir nur in 36. Wie findest du diesen Rock? Mit einem schwarzen T-Shirt sieht das super aus.
MÄDCHEN:	Der Rock ist toll, den nehme ich, aber mit einer weißen Bluse.
VERKÄUFERIN:	Sehr gern.

13

FRAU:	Entschuldigung, ist das hier ein Obstgeschäft?
MANN:	Hmm, wir verkaufen auch Obst, aber eigentlich ist dies ein Supermarkt. Bei uns bekommen Sie alles.
FRAU:	Nein, ich suche ein ganz besonderes Obstgeschäft, es heißt „Exotische Früchte". Was ist denn das da drüben, auf der anderen Straßenseite?
MANN:	Ein italienisches Geschäft. Da bekommen Sie italienischen Wein und Nudeln usw.
FRAU:	Oh, danke sehr.

14

ARZT:	Hallo Linus, wie geht es dir? Hast du dich wieder beim Sport verletzt?
LINUS:	Tag Dr. Polle, kann ich in die Sprechstunde kommen? Mir geht es nicht gut. Ich habe starke Bauchschmerzen und gestern tat mir auch der Kopf weh.
ARZT:	Oh, das tut mir leid. Hast du auch Fieber?
LINUS:	Zum Glück nicht.
ARZT:	Natürlich kannst du sofort zu mir kommen.

15

SINA:	Was isst du am liebsten, Marco? Pizza?
MARCO:	Also, fast alle meine Freunde wollen immer Pizza essen gehen. Ich mag aber lieber Nudeln mit Tomatensoße. Die gibt es ja auch überall. Und du?
SINA:	Immer Pizza oder Nudeln, das ist so langweilig. Ich esse am liebsten Fisch und dazu Gemüse. Ich glaube, das ist auch viel gesünder.

Hören 27

<u>MODERATOR:</u>	Heute sprechen wir mit Max. Er hat einen Stand hier auf der internationalen Ausstellung für Spielzeug und Modellbau. Hallo Max, dir gefallen also die kleinen Modellautos besonders gut. Interessierst du dich für alle Automarken?
<u>MAX:</u>	Nein, ich habe mich auf Volkswagen spezialisiert.
<u>MODERATOR:</u>	Machst du das schon lange?
<u>MAX:</u>	Ich habe mit 4 Jahren die ersten Autos bekommen. Das sind also inzwischen schon 10 Jahre.
<u>MODERATOR:</u>	Und wer hat dir die ersten Autos geschenkt?
<u>MAX:</u>	Mein Großvater, er hat 30 Jahre bei Volkswagen gearbeitet und er hat mir zuerst die kleinen Autos geschenkt. Er hat sich auch immer für Modellautos interessiert. Und ich find's wirklich wunderbar.
<u>MODERATOR:</u>	Wann hast du richtig angefangen, diese Autos zu sammeln?
<u>MAX:</u>	Da war ich acht, ich habe sie selbst in Geschäften, bei Freunden und Bekannten gesucht. Ich habe immer mein ganzes Taschengeld für die Autos gebraucht. Auch im Internet habe ich viele gekauft. Da gibt es ein richtig großes Portal für Modellautos. Meine Großeltern und meine Eltern haben mir natürlich auch viele geschenkt.
<u>MODERATOR:</u>	Wie viele Autos hast du denn schon?
<u>MAX:</u>	Das weiß ich genau, es sind 426 Stück.
<u>MODERATOR:</u>	Die brauchen sicher viel Platz, ist das ein Problem?
<u>MAX:</u>	Überhaupt nicht. Einige stehen in einem Glasschrank in meinem Zimmer und mein Großvater hat mir für die anderen ein Zimmer in seinem Haus gegeben. Wir halten immer alles sehr in Ordnung. Wir haben auch alle Autos aufgeschrieben.

Quellenverzeichnis

Cover: von links: © iStock/Yuri Arcurs; © Thinkstock/Paul; © Thinkstock/F1online; © Thinkstock/iStock/Don Bayley

S. 8: © Thinkstock/Creatas/Creatas Images

S. 9: © Thinkstock/Hemera/Cathy Yeulet

S. 13: © Thinkstock/Ingram Publishing

S. 14: oben © Thinkstock/Purestock; unten © Thinkstock/Goodshot

S. 15: © Thinkstock/iStock/phiksos

S. 16: a © Thinkstock/iStock/aerogondo; b © Thinkstock/iStock/dolgachov; c © iStock/isitsharp; d © Thinkstock/Ingram Publishing; e: Kino © Thinkstock/Fuse; Film © fotolia/fotogestoeber; f © fotolia/Yuri Arcurs; g © iStock/Aldo Murillo; h © Thinkstock/iStock/IPGGutenbergUKLtd; i © Thinkstock/iStock/DragonImages; j © Thinkstock/iStock/gbh007; k © Thinkstock/iStock/Geribody; l © iStock/vm

S. 17: 1 © Thinkstock/iStock/miflippo; 2 © Thinkstock/iStock/Oleg Lopatkin; 3 © Thinkstock/iStock/Cherkas; 4 © Thinkstock/iStock/Oleg Lopatkin; 5 © iStock/mgkaya; 6: Vorhang © Thinkstock/iStock/dimdimich; Pantomime © Thinkstock/iStock/Ljupco; 7 © iStock/skellos; 8 © Thinkstock/iStock/2002lubava1981; 9 © Thinkstock/BananaStock

S. 18: Julia © BananaStock; Philipp © PantherMedia/Kati Neudert; Gertrud, Jan © Bernhard Haselbeck, München

S. 20: © Thinkstock/iStock/alfexe

S. 26: © Thinkstock/iStock/didecs

S. 27: © Thinkstock/iStock/simonkr

S. 33: a © fotolia/seen; b © Thinkstock/iStock/akiyoko; c © iStock/ALEAIMAGE; d © iStock/duncan1890; e © fotolia/Jiri Hera; f © Thinkstock/iStock/destillat; g © fotolia/Leonid Nyshko; h © Thinkstock/iStockphoto/Natikka; i © Thinkstock/iStock/Antonio Scarpi; j © Thinkstock/iStock/ulkan; k © Thinkstock/iStockphoto; l © Thinkstock/iStock/Alena Dvorakova; m © Thinkstock/iStock/Ljupco; n © Thinkstock/iStock/Noam Armonn; o © fotolia/Laura Jeanne; p © Thinkstock/iStock/mayamo, q © Thinkstock/iStockphoto/Olga Popova; r © Thinkstock/iStock/voltan1; s © fotolia/objectsforall; t © iStock/KateLeigh; u © Thinkstock/iStock/gbh007, v © Thinkstock/iStock/serezniy; w © Thinkstock/iStock/ValentynVolkov; x © Thinkstock/iStock/Evgeny Karandaev

S. 34: © PantherMedia/Martina Berg

S. 59: Strand © Thinkstock/iStock/Nataleana; Schule © Thinkstock/iStock/bluebearry; Eier © Thinkstock/iStock/selensergen; beide Kalender © Hueber Verlag/Nina Metzger; Ski fahren © Thinkstock/iStock/Happy_Inside

S. 63: Ü1.2 alle © Thinkstock/iStock/colematt; Ü1.4: a © Thinkstock/iStock/SerrNovik; b © Thinkstock/Fuse; c © PantherMedia/Martina Berg

S. 64: Ü2.1: a © Thinkstock/iStock/gbh007; b, c © Hueber Verlag/Nina Metzger; Ü2.4: a © Thinkstock/iStock/rilueda; b © Thinkstock/iStock/KatarzynaBialasiewicz; c © Thinkstock/Wavebreak Media/Wavebreakmedia Ltd.

S. 65: a © Thinkstock/iStock/scanrail; b © iStock/Edin; c © Thinkstock/iStock/macbrianmun

S. 74: a © Thinkstock/Stockbyte/altrendo images; b © Thinkstock/moodboard; c © Thinkstock/iStock/.shock; d © PantherMedia/CandyBox Images

S. 75: a © iStock/Colonel; b © Thinkstock/Ivary; c © Thinkstock/iStock/scanrail; d © Thinkstock/Ivary; e © Thinkstock/PhotoObjects.net/Hemera Technologies; f © Thinkstock/iStock/david franklin

S. 82: a © Thinkstock/iStock/amoklv; b © Thinkstock/Photodisc/Doug Menuez; c © Thinkstock/iStock/hopsalka

S. 99: Pikto Tennis © Thinkstock/iStock/Mervana; 1 © Thinkstock/iStock/arabes; 2, 4, 6 © Thinkstock/iStock/LueratSatichob; 3 © Thinkstock/iStock/RaStudio; 5 © Thinkstock/iStock/leremy; 7 © Thinkstock/iStock/tchor1974; 8 © Thinkstock/iStock/vectorchef; 9 © Thinkstock/iStock/Nixken; 10 © Thinkstock/iStock/arabes

S. 100: Pikto Tennis © Thinkstock/iStock/Mervana; a © Thinkstock/Fuse; b © iStock/samara; c © Thinkstock/iStock/gbh007; d © Thinkstock/iStock/LuminaStock; e © Thinkstock/iStock/Tanjamy; f © Thinkstock/iStock/fatesun

S. 105: 1, 6 © Thinkstock/iStock/Mervana; 2 © Thinkstock/iStock/arabes; 3 © Thinkstock/iStock/LueratSatichob; 4 © Thinkstock/iStock/fogaas; 5 © Thinkstock/iStock/leremy; 7 © Thinkstock/iStock/tulpahn

S. 107: schreiben © Thinkstock/iStock/anyaberkut

S. 108: schreiben © Thinkstock/iStock/anyaberkut; 1. Reihe von links: © Thinkstock/iStock/aerogondo; © Thinkstock/Blend Images/ERproductions Ltd; © Thinkstock/iStock/LuckyBusiness; © Thinkstock/iStock/BRFox; 2. Reihe von links: © Thinkstock/Photodisc/Doug Menuez; © Thinkstock/iStock/shironosov; © Thinkstock/iStock/ajkkafe; © Thinkstock/Monkey Business/Monkey Business Images

S. 109: Reihe von links: © Thinkstock/Blend Images/Jon Feingersh; © Thinkstock/Digital Vision; © Thinkstock/Hemera/Noel Powell; © Thinkstock/iStock/Micko1986; schreiben © Thinkstock/iStock/anyaberkut

S. 110: schreiben © Thinkstock/iStock/anyaberkut

S. 111: schreiben © Thinkstock/iStock/anyaberkut

S. 115: 1 © Thinkstock/iStock/tanuha2001; 2 © Hueber Verlag; 3 © Thinkstock/iStock/kravcs; 4 © Thinkstock/iStock/rashadashurov; 5 © Thinkstock/iStock/scanrail; 6 © Thinkstock/iStock/gsermek; 7 © Thinkstock/iStock/imagehub88; 8 © Thinkstock/iStock/popovaphoto

S. 117: schreiben © Thinkstock/iStock/anyaberkut

S. 118: Daumen hoch, Daumen runter © Thinkstock/iStock/Vectoraart; Fahrrad © PantherMedia/Martina Berg; Smiley © Thinkstock/iStock/tulpahn

S. 119: Daumen hoch, Daumen runter © Thinkstock/iStock/Vectoraart; Kalender beide, Vesper © Hueber Verlag/Nina Metzger; Mädchen © Thinkstock/iStock/Marjan_Apostolovic

S. 121: Spalte A von oben: © Thinkstock/iStock/scanrail; © Thinkstock/Creatas; © fotolia/Georg Tschannett; © Thinkstock/iStock/guinea; Spalte B von oben: © PantherMedia/Sonja Alphonso; © Thinkstock/Creatas Images; © Thinkstock/iStock/Daniel Schweinert; © Hueber Verlag/Peer Koop

Bildredaktion: Nina Metzger, Hueber Verlag, München